敦煌的光彩

修訂版

池田大作與常書鴻對談錄

敦煌的光彩

修訂版

池田大作與常書鴻對談錄

〔日〕池田大作　常書鴻——著

台灣創價學會——譯

王秀雄——監修

JPC

責任編輯　趙　江
裝幀設計　陳嬋君

書　名　敦煌的光彩——池田大作與常書鴻對談錄（修訂版）
著　者　（日）池田大作　常書鴻
譯　者　台灣創價學會
監　修　王秀雄
出　版　三聯書店（香港）有限公司
香港北角英皇道四九九號北角工業大廈二十樓
Joint Publishing (H.K.) Co., Ltd.
20/F., North Point Industrial Building,
499 King's Road, North Point, Hong Kong
香港發行　香港聯合書刊物流有限公司
香港新界大埔汀麗路三十六號三字樓
印　刷　中華商務彩色印刷有限公司
香港新界大埔汀麗路三十六號十四字樓
版　次　二〇一五年二月香港第一版第一次印刷
規　格　大三十二開（140 × 203 mm）二三二面
國際書號　ISBN 978-962-04-3696-3

本書池田大作所著部分譯自《敦煌の光彩—美と人生を語る》（收錄於《池田大作全集》第十七卷）／一九九八年三月十六日／聖教新聞社

池田大作先生（右）與常書鴻先生（左）（一九八八年四月，聖教新聞社提供）

再版序

池田大作

尊敬的常書鴻先生和我的對談集《敦煌的光彩——池田大作與常書鴻對談錄》由香港三聯書店出版，已歷經二十年歲月。此次重新修訂，再版問世，我由衷喜悅，深感光榮。

在書中我和常先生的對談裡，也共同緬懷了令人難忘的人民領袖周恩來總理。他深望中日友好、世界和平與共生，同時他一貫重視人類遺產敦煌的保護和研究，並溫馨地鼓勵常先生。

我拜會周總理是在一九七四年，商議再版本書時適值四十週年，我不禁覺得周總理和常先生都在欣慰地關注着這次再版。

本書日文版出版於一九九〇年十月，十一月常先生來日本出席在靜岡縣舉辦的他的畫展。該展特別展出了他以世界最高峰珠穆朗瑪峰（埃佛勒斯峰）為畫題描繪的大作，反響巨大。常先生惠贈的這幅〈珠穆朗瑪峰〉，現今掛在東京八王子市的東京牧口紀念會館正門大廳裡，不斷打動着眾多來自世界各地的參觀者的心，賦予他們勇氣。

聽說這是常先生在文革之後最困難的時代，第一次拿起畫筆創作的作品。不屈不撓的登山家們越過險峻的冰隙，指向遙遙聳立的埃佛勒斯峰頂，一步一步征服白雪覆蓋的陡坡，這幅宏大的傑作迴響着常先生的不朽勉勵：「跨越任何艱難險阻，向世界最高峰奮進！」

本書也通過他豁出命來保護敦煌，波瀾壯闊的人生號召我們，不向任何困難低頭，為世界的永久和平而努力到底。

常先生在晚年撰著的傳記中寫道：把此書放在病床的枕邊反覆閱讀，「愈慰靈魂，是最好的良藥」。

本書震響着常先生終生貫徹藝術為民眾服務之信念的「我人生無悔」的凱歌，並洋溢着要把為人的尊嚴、為世界的友情與和平而勇敢、誠摯、堅韌不拔地行動的信念留傳萬代的大熱情。

敦煌是人類心心相連的絲綢之路上的文化精華。

我堅信，常先生死守並使之復甦的敦煌藝術的美與智慧，能在全球化的現代開拓出「精神的絲綢之路」，把人們連結起來，並作為建構社會繁榮與世界和平的精神食糧必將進一步「大大輝耀（敦煌）」。

對於讀者，尤其是肩負下一個時代的青年，此書若成為新的希望源泉，那就讓我再高興不過了。

衷心感謝香港三聯書店侯明常務副總編等有關朋友們。

二〇一五年一月

目錄

第二章　追求永恒的存在

第三章　人類光輝的遺產

序

池田大作

我初次訪問中國，是在一九七四年。從新綠的五月底到六月中旬，二個多星期的旅程。

我目睹綿延曲折的長江，看到滾滾長流的黃河，我登上了萬里長城，也去參觀新中國的工廠、農村，以及從幼兒園到大學的教育設施等。通過與李先念總理（當時）等各界領導人以及青年、民眾的對話，學習到很多事情。同時，通過我年輕時就喜歡的中國史書及詩集等在腦海中所描繪的景象，與實際目睹的情景重疊與差距所帶來的精神躍動，更是豐富了我的心靈。

邂逅了在相片中所認識的對象時，我驚訝於它與原本的想像是如此不同，這嶄新的發現令我十分欣喜。而站在過去只以自己想像力所形成印象的景物之前，我的內心更是雀躍不已。

例如，一邊走在《三國志》或是司馬遷《史記》那個年代人們生活的歷史舞台，回溯到那個遙遠的歲月，我的腦海裡浮現出更明確且貼近當時的英雄與民眾姿態的輪廓及色彩。

這些或許也是人們在旅程中所得到的樂趣，但是對我而言，尤其是在中國的首次旅程裡，這種樂趣特別大。這或許是因為在我的閱讀經驗中，特別喜好深讀中國古典及詩集的緣故吧。

其中，尤其是訪問曾經被稱為長安的古都西安時，這樣的感受特別深。透過從長安經過陸路往西，一直到達遙遠的羅馬連結起來的壯大絲路，使那些來自遙遠印度及西域的文化流進這裡。

在西安之旅的十三年前，我去了印度，親眼看到恆河，也去了佛教發祥地佛陀伽耶。

那時，從佛陀伽耶，經過西域、敦煌、長安、朝鮮半島最後到達日本那遙遠宏大的「精神絲路」好像就在眼前。物換星移，我又來到西安，遙望西方，吟咏西域的名詩一字一句浮現在眼前。

「西出陽關無故人」——走出坐落在敦煌西端的陽關，周圍是一望無盡的沙漠，沒有一個認識的人。這是王維表達離別心情的詩。「玉門西望堪斷腸」——這是岑參在離開長安一萬多里的玉門關上，所發出的悲苦絕唱。這些都帶着現實感貼近我，使我與西域、敦煌心理上的距離一下子縮短了許多。

在見到當時擔任敦煌文物研究所所長的常書鴻先生時，這距離更是進一步地縮小了。那是在我初次訪問中國六年後，第五次訪問時（一九八〇年四月）的事。常先生和夫人李承仙女士特地到我住的地方來看我。能遇見常先生完全出乎我的意料，那是經由每次訪問中國時都給予我多方照顧的孫平化先生（中日友好協會會長）的介紹，才得以在春天和煦陽光中開始我們滿心歡喜的對話。

常書鴻先生的人生中有詩，有藝術，有歷史，充滿夢想。

我們圍繞絲路與敦煌的話題談了二個半小時，我意猶未盡地還很想再聽他多說一些。自從與常先生邂逅後，更加深了我對敦煌的關心。之後，我們在東京見了面，在我創立的東京富士美術館舉辦「中國敦煌展」時，常先生也大力給予了協助。

我曾把對常先生感謝的心意寫成詩獻給他，他也送給我詩，種種回憶隨着時間經過，更增光彩。

在這樣的交流中，以敦煌為主題出版對談集一事逐漸具體化。迄今為止我與世界各國的各界人士出版了許多對談集。對話的對象不知不覺地擴展到美國、蘇聯、英國、法國、德國、意大利及印度等國家，而與活躍在中國的人士一起出版對談集，這是最初的嘗試。

從複雜的國際政治，到個人日常生活的層次，甚至到每個人的意識裡，種種「人的分裂」威脅着和平，在這悲劇相繼發生的現代社會，要如何去選擇一條和諧與安定的道路，我們的責任重大。

如同敦煌的文物及藝術，超越了遙遠歲月，成為現代人的珍貴文化遺產，期待着我們為和平付出的努力，成為未來生活在地球上的居民一個來自二十世紀的信息。這是我和常先生共同的想法。

我祈願在通往新世紀的「精神絲路」上，盛開出的美麗藝術之花大大地（敦）輝耀（煌）在像敦煌那樣的和平城堡，能在各地誕生。

一九九〇年五月於日本東京

序

常書鴻

我與池田大作先生初次會見是在一九八〇年四月二十三日。那次見面，池田大作先生對中國的了解以及在哲學、文化藝術等方面學識之廣博，令我留下深刻印象，特別是先生對中國文化以及對敦煌學的熱情，使我們首次見面時就好似多年好友一般，「一見如故」，開懷暢談起來了。

池田大作先生作為日本人民的友好使者，曾多次訪問過中國，池田大作先生與他所致力的社會、宗教文化及國際和平活動，在中國也是眾所周知的。特別是早在一九六八年，池田大作先生就提出過中日邦交正常化及恢復中國在聯合國席位的建議，是令我們中國人民永遠銘記在心的。

回想起我與池田大作先生多年的友情，是我一生中的又一快事，在我所相識的許多日本友人中，池田大作先生雖然已年過六旬，但他為人熱情、耿直，對生活及對人類未來充滿信心的感情，使我感覺到他還是一位年輕人。

自從我們相識後的近十年間，不論是池田大作先生來中國，還是我去日本，我們的相見和談話的話題總是要涉及到人類文化、絲綢之路及世界上最大的、保存最完好的佛教藝術寶藏——敦煌。我們之所以在談話中經常談到敦煌，我想，這是因為敦煌不僅僅是佛教遺址，而且敦煌藝術體現了人類對理想境界的追求。在當時充滿着饑荒及戰亂的年代裡，絲綢之路的東西方文化、經濟交流及佛教的東傳，對於人類文明的發展與和平，起着極其重大的作用。

而我們今天對絲綢之路的重視與研究，喚起我們精神上新的絲綢之路。這在目前經濟及科學技術高度發展，同時也存在着破壞地球自然生態環境、國際政治不穩定的時代裡，新的絲綢之路對促進人類平等，消除戰亂，走向永久和平，有着新的積極意義。

我與池田大作先生雖然在國籍、個人經歷等許多方面有很多不同的地方。但是，我們在童年和青少年時期卻有着相類似的艱苦生活與努力奮鬥的過程，所以，我十分理解池田大作先生所熱心倡導的青年和平友好事業。

一九八五年秋日，我在日本埼玉縣的青年和平文化節上看到池田大作先生盡力培養下的青年一代的團結友愛、蓬勃向前的精神及池田大作先生對青年們如慈父一般親切融洽的感情，那情景至今為止還歷歷在目，使我感動不已。

人類的未來寄望於青年一代，池田大作先生創建的創價大學、創價高中、中學、小學及幼兒園，以及美術館、文化會館等等，培養出許多優秀人才。另外，池田大作先生對中國青年及在日本的中國留學生的關懷及幫助，使我看到中日兩國人民世世代代友好的光輝未來，一條五彩繽紛的新絲綢之路的彩虹，將把世界各國人民的心聯結在一起。

由於我與池田大作先生對於東方文化有着相同的熱心，所以我們在許多方面是一致的，我們彼此尊重各自國家的傳統文化，尤其對文化藝術的熱情關注及貢獻精神，我們也有着共同的意願。一九八五年在東京富士美術館舉行的「中國敦煌展」，與歷次敦煌展不同之處是第一次向日本各界展示了在敦煌發現的極其貴重的經卷等歷史文物。這次展覽的成功，是池田大作先生及創價學會諸位先生辛勤努力的結果。在此，請允許我再一次向池田大作先生表示衷心的感謝。

中國有句諺語「酒逢知己千杯少，話不投機半句多。」在本書序言結束之前，就如同我與池田大作先生的談話一樣，總是感到還有許多話沒有講完，所以，我高興地期待着下一次與池田大作先生見面和暢談的機會。

最後，我想感謝建議將我們對談發表出版的池田大作先生，感謝為本書出版付出辛勤努力的各位，及我四十餘年患難與共生活和事業上的伴侶、助手與妻子李承仙、學習及繼承敦煌事業的兒子嘉煌，感謝為此書工作的諸位先生們。

一九九〇年五月於中國北京

第一章　絲路上的寶石

遙遠的憧憬之地

池田：敦煌①，是「絲路②上的寶石」，它具有光輝的歷史和燦爛的文化，這一點毋庸置疑。一說到敦煌，人們馬上就會聯想到常書鴻先生的名字。常先生為了保護和介紹敦煌珍貴的歷史文物，幾十年來傾注心血，對此，在日本也是眾所周知的。

與常先生對話，就如同去敦煌進行了一趟夢想之旅——自從十年前（一九八〇年）在北京與先生初次見面後，每次與先生交談，我都深受感動。

拜讀了先生的大作《敦煌的風鐸》、《我與敦煌》、《敦煌藝術》等，我對先生所走過的人生道路、人生經歷有了某種程度的了解。這次有機會能更深入了解敦煌之美與先生的為人，我感到非常高興。

常：謝謝您的誇獎。我覺得在共同的思想下進行交流，是一件非常愉快的事情。在我們中國，有這樣一句名言：「酒逢知己千杯少，話不投機半句多。」也就是說，喝酒時，若遇上知心的朋友，即使喝上千杯，也覺得不夠；而要是和不投脾氣及不同志向的人在一起交談的話，半句也顯得多餘，與性格和志向相同的人在一起交談，才能產生心靈上的共鳴。因此，拜讀了先生的著作和講演辭，就可以看出先生對於敦煌有着極大的興趣和執着的追求。

池田：實在不敢當。從敦煌這個詞，人們立刻就會聯想到那遙遠的絲路之旅，那一條從古都長安出發，經過蘭州、河西走廊、天山山脈、塔克拉瑪干大沙漠、中近東國家，最後到達羅馬的這條橫貫歐亞大陸的宏偉之路。它不僅僅是一條進行商業貿易的通道，也是一條文化交流之路。對日本人來說，特別是作為佛法傳入之路，令人倍感親切。

這條道路有很多地方，是在嚴酷的自然環境下開拓出來的，其中有艱險的路，有吞噬人類生命的無垠沙漠、酷熱地表、嚴寒的連綿山脈，此起彼伏。然而，就是靠着這樣一條道路，東西方的人們友好往來，相互交流傳遞新興文化。尤其敦煌作為絲路上文化的集聚地，是各個民族和不同種族的人們進行交流的悠久歷史舞台。在綠洲敦煌，現在也蘊含着人們「不滅的靈魂」，有着邁向和平的無限光源。

特別是對我們來說，這裡有着極其重大的歷史意義，敦煌不僅是佛教，尤其是大乘佛教東傳的中途站，而且還是一個空前的佛法搖籃，在這裡，無數默默無聞的人創造了光輝燦爛的文化。

常：您對敦煌抱有如此巨大的興趣，在此之前，我想一定是有什麼理由促使您這樣做的吧？請問池田先生，您是在什麼時候，哪個地方，通過什麼方式，了解到敦煌的呢？

池田：我初次接觸到敦煌，是在小學五年級的時候。學校教室裡，掛着一張很大的世界地圖，我經常看着地圖，看着敦煌附近的地方，心想：「這附近大概人煙稀少吧，真想去那裡看看啊。」有一次，班導師檜山浩平先生問我們：「大家想去世界哪個地方啊？」這時，我回答說，我想去敦煌。當時正值中日戰爭時期，所以對中國也極為關心的緣故吧。

檜山先生就對我說：「池田君，那地方稱做敦煌，有着許多珍貴的寶物呢！」聽了老師的話，我想，在沙漠那人跡罕至的地方，會有寶物，真是不可思議啊。到現在還印象深刻。從此之後，我經常看着戈壁沙漠、崑崙山脈、天山山脈的地圖，這更喚起了我的冒險心。敦煌在我心中，是一個偉大夢想與嚮往的地方。我還記得，當時在心中暗暗立誓，有朝一日，我要成為中日的和平金橋，我要去敦煌看看。

常：您讀過什麼跟敦煌有關的書籍或者是新聞報導嗎？

池田：西域③作為歷史舞台，以明確的輪廓出現在我的視野裡，是在我讀了司馬遷④的《史記》和《十八史略》⑤等中國古典史籍以後。張騫⑥受漢⑦武帝之命出使西域，其波瀾壯闊的一生，以及李陵⑧與蘇武⑨的故事，都令我印象深刻。

讀了赫定⑩《游移的湖》及史坦因⑪等人的冒險家遊記以後，更激起了我對被埋沒的絲路文化的無窮好奇心。

而且，在《唐詩選》⑫中，有許多歌詠邊塞的名詩。例如，親自到過西域的詩人岑參⑬的《胡笳歌》、王昌齡⑭的《從軍行》、王翰⑮的《涼州詞》等等，在日本都廣為人知。《樂府詩集》⑯裡，有一首王維⑰送別即將前往西域的友人的離別詩。

「渭城朝雨浥輕塵，客舍青青柳色新。勸君更盡一杯酒，西出陽關無故人。」

出了陽關（位於敦煌西南方，與玉門關同為通往西域的門戶）以後，就沒有自己認識的人了。讀了這首寫給即將出發去西域的朋友的名詩，一望無際的沙漠，那遙遠的世界彷彿瞬間就在眼前。

另外，與湯因比博士⑱的對談同樣令我難以忘懷。當我們的話題談到：「如果下次再出生，您希望出生在地球上哪個地方呢？」博士立即回答說：「我希望出生在中國。」當我又問他：「您希望出生在歷史上的什麼時候、哪個地方呢？」博士說：「公元紀年剛開始不久的時候，大乘佛教從印度經過新疆傳到東亞。我很希望能在佛教、印度文明、古希臘文明、伊朗文明和中國文明等諸多文化融合的種種環境中生活。」博士這番話語，至今仍清晰地浮現在我腦海中。

常：湯因比博士與池田先生的對談集，在中國也有出版。

池田：我具體認識到敦煌文物的契機，是一九五八年一月在日本舉行的「中國敦煌藝術展覽會」。那時，常先生來到日本。這一年，我的恩師戶田先生[19]逝世了。「中國敦煌藝術展覽會」在東京舉辦的時候，正是恩師去世前幾個月，那時對我而言，每天如同面對疾風怒濤般的漩渦。因此，無法親自到會場參觀，但是看了介紹展覽的報導、論述敦煌學術、藝術價值的許多論文及圖片等等。這些內容非常精彩，遠遠超過我以前通過書籍留在心中的印象。老實說，當我知道敦煌有如此之多的重要歷史遺產時，真是震驚。

實際上，親眼目睹這價值非凡的歷史遺產的一部分，是在一九八五年，我們東京富士美術館舉辦「中國敦煌展」的時候。這次「中國敦煌展」獲得貴國文化部文物事業管理局、敦煌研究院及敦煌縣博物館等各方的協助，展出了許多珍貴的歷史文物，在此衷心表示感謝。

常：東京富士美術館的「中國敦煌展」是繼在中國敦煌藝術展（一九五八年，東京、京都）、「中國敦煌壁畫展」（一九八二年，東京、京都、仙台）之後，又一次大規模的敦煌展覽會，它在池田先生以及創價學會諸位先生的共同努力下，取得了很大的成功。與前幾次展覽比較，這次展覽有它獨自的特色。展覽內容除了敦煌各個時代具代表性的壁畫臨摹作品以外，還有敦煌的出土文物、珍貴的漢代木簡，以及從來沒有向國外展示過的敦煌寫經、北魏太和十一年的刺繡佛畫、圖解本西夏文字的《妙法蓮華經觀世音菩薩普門品》、唐代《地志》、《紫微垣星圖》、《占雲氣書》等等。該次「中國敦煌展」，可以說是敦煌文化第一次比較全面地在國外展出。我想，這樣說不算過分。

池田：在「中國敦煌展」，展出許多在全世界第一次公開的一級文物。壁畫的臨摹作品、出土文物、經典等，這展覽整體性地介紹敦煌，在各個展出地點獲得了很大回響。我也興致盎然地參觀了。在敦煌文書中佛教經典佔多數，聽說其中最多的就是《法華經》，真是了不起。

敦煌的興衰

池田：敦煌與北京的直線距離大約二千公里。北邊有戈壁沙漠，西邊有塔克拉瑪干沙漠，南邊連接西藏高原，剛好位於中亞的中心。據統計，迄今的最高溫度是四四點一攝氏度，最低是零下二二點六攝氏度。終年吹着被稱為「黑風」的沙暴。據說從公元前十一世紀左右，就有少數民族居住在敦煌。《史記．大宛列傳》記載：「始，月氏居敦煌、祁連間。」作為月氏活躍的舞台，敦煌的名字就出現在歷史上。

據史書記載，漢武帝時代，正式設置了敦煌郡。作為漢朝通往西方發展的根據地，當時人口有三萬八千三百三十五人。從那以來，敦煌作為結合東西方的貿易都市，以及東西文明交流的文化地，實際上已經有二千多年的歷史。

常：是的，在唐朝（六一八—九〇七年），特別是晚唐時代，敦煌非常繁榮。

池田：著有《大唐西域記》的玄奘⑳遠赴印度和西域，但是書裡面好像沒有關於敦煌的紀錄。有關當時的敦煌，文獻上是如何記載的呢？

常：玄奘從印度取經回唐的路上，順便到過敦煌。但是，由於時間極為緊迫，沒有能作長期逗留。因此，在他的西域紀行中，沒有能給後人留下關於敦煌的記載。不過，根據歷史文獻記載，當時的敦煌非常繁華，商人大賈齊聚，每天有三次市集：朝市、午市、夜市，熱鬧不已。之後，經五代（九〇七—九六〇年）、宋朝（九六〇—一二七九年）到元朝（一二七一—一三六八年）已逐漸衰微，明朝時（一三六八—一六四四年）隨着嘉峪關㉑的關閉，敦煌也完全衰微。因此，敦煌的壁畫裡，沒有明朝的作品。

池田：在馬可波羅㉒的《東方見聞錄》中，也有關於敦煌的記載。馬可波羅在十三世紀後半葉，周遊亞洲，寫下了《東方見聞錄》。根據此書記載，當時的敦煌正處於元朝統治，是「大汗的領土」。當時居民大都是佛教徒，也有一些涅斯多留教派㉓（基督教的一個派系）和伊斯蘭教徒。但是，或許馬可波羅所看到是一個日趨衰落的敦煌，所以，他對敦煌好像沒有太深刻的印象。

常：雖然到了清代（一六一六——一九一一年）的雍正年間，對敦煌曾進行了大規模整修，但是漢唐時期那種盛況已經一去不復返了。現在的敦煌縣是清朝雍正三年（一七二五年）設立的。當時，有一位名叫汪德容的人，經過敦煌時，曾這樣寫道：「今寺已久湮，而圖畫極工。」（雖然寺院早已被埋沒，但是壁畫仍然奇美無比。）

嘉慶末年（一八二〇年），西北歷史地理學家徐松㉔在他的《西域水道記》中，對莫高窟有着極為詳細的記載。

光緒五年（一八七九年），匈牙利人洛克濟到莫高窟參觀，他是第一個到達這裡的外國人。他對於自己始所未料地發現和收穫大為吃驚。如您所知，莫高窟之所以能震驚全世界，是因為光緒二十六年（一九〇〇年）在「藏經洞」㉕新發現的經典及書籍等。

敦煌莫高窟的開創

池田：在敦煌周邊，除了有名的莫高窟㉖之外，還有西千佛洞、榆林窟等石窟遺跡。其中質與量都很豐富的就屬莫高窟。莫高窟的名稱，有一個說法，是「在沙漠高處的洞窟」之意，它位於鳴沙山及三危山㉗圍起來的綠洲上。那一帶是一望無際的沙漠與山脈，在鳴沙山的斷崖上最早開掘石窟，是在公元四世紀。從那以來，約經過一千年間，漸次開鑿，在古老的記載中，據說有「窟室一千餘龕」。

但是，其中被人遺忘者有之，崩壞者也有之，現存四百九十二窟。即使如此，其長度也已達一千六百米，與解放前相比，增加了一百八十三米。相對於敦煌城市本身在歷史與亡中曾經銷聲匿跡，而在人煙罕至沙漠中的莫高窟，至今仍保有歷史的光輝。

常：一九四三年，我來到敦煌莫高窟以後，當時洞窟的編號，是使用張大千㉘先生編就的號碼。張大千先生對位於大石窟通道上的小石窟使用了附屬編號。從一九四七年開始，我們對莫高窟的所有洞窟進行了新的編號。由於當時所有的小石窟也全都編了號，所以加起來總共有四百六十八處之多。一九五三年，在進行拆毀洞窟前面底座的施工及一九六三年為了對石窟進行全面修理而進行周圍加固施工時，新發現了二十四處洞窟。實際上，在莫高窟有七百多個洞窟。在這些洞窟中，只是對有壁畫及塑像的洞窟編了號，合起來有四百九十二處。雖然在北邊區域還有許多石窟，但因為裡面沒有壁畫和塑像，所以沒有對它們進行編號。今後是不是有可能再有新的發現？四十多年來我一直沒有放棄這個念頭：新發現是可能的。在整修加固的施工中，或者是在調查中，我的頭腦裡經常會有這樣的想法。

池田：有幾點想請教常先生，在敦煌莫高窟，最大的石窟是哪一個呢？它的規模有多大？最小的又是哪一個呢？

常：洞窟的大小從高度及佔地面積兩部分來衡量。最高的洞窟是第九十六窟。有九層樓那樣高，裡面的彌勒大佛高三十三米。要從面積來講，最大的是宋代建成的第六十一窟，橫寬十三米、縱深十四米。最小的石窟是第三十七號窟，確實很小，小到連人都進不去。

池田：石窟在「鳴沙山」上開鑿，「鳴沙」這個稱呼也是十分令人玩味的名字。

常：當人們從鳴沙山往下走的時候，會聽到流沙相互撞擊、摩擦發出的細小聲音。這種聲音如同乘坐飛機時感覺到的微弱震動的聲音一樣。「鳴沙山」就因此而得名。

池田：鳴沙山東西長約四十公里，這麼大規模連綿的沙丘是如何形成的呢？

常：一九六二年，我們曾經和有關專家一起開會，討論沙子及沙丘的形成問題。會中，就鳴沙山的形成，我請教了沙漠問題研究專家。不過，對於這個問題，學者們意見各異，沒有形成一個統一的見解。通過比較各家之說，我比較傾向於這樣一種解釋：在鳴沙山的底部，原來是一座普通的山脈，由於兩側的沙丘向東移動，把大大小小的山脈全部覆蓋起來，形成人們今天所見到的鳴沙山。

池田：聽說，在鳴沙山中，好像有一道三千年來不曾乾涸、不可思議的泉水。

常：在鳴沙山上，確實有一處四面被沙丘包圍着的泉水。因為它形狀極像「月牙」，所以都把它叫作「月牙泉」。月牙泉處在沙丘的包圍之中，當風從東向西吹的時候，沙子落在西面的沙丘上，不會掉進泉水裡面；當風從西向東吹的時候，沙子落在東面的沙丘上，也不會吹進泉水裡面。因此，這個泉中的水，三千年來從沒有乾涸過。根據漢代的傳說，這兒是天馬的出生地。

池田：聽說在月牙泉採集到的沙子被稱為「五色沙」。

常：在鳴沙山，流沙有大粒沙子與小粒沙子兩種。大粒沙子儘管比芝麻粒還小，卻有各種各樣的顏色，如淡灰色、黑色、粉紅色、紫色等，實際上應該是比五種顏色還要多。不過，人們只是從顏色多這層意義把這種沙子叫做「五色沙子」，並不是只指五種顏色。

池田：我了解了。敦煌莫高窟最早開鑿的石窟，根據李克讓《重修莫高窟佛龕碑》記載，是在建元二年（三六六年）。碑文上記述：那年，沙門（僧侶）樂僔，在山野步行時，看到山被金色光芒照耀，宛如千佛現身，於是開鑿了一座石窟，以作紀念。據說這是莫高窟開創的由來。您認為僧侶樂僔看到的千佛是指什麼呢？還有，聽說位於黃河上游的炳靈寺石窟「炳靈」一詞，源自西藏語「十萬佛」或「千佛」，是這樣嗎？

常：最初記載「三危山上的金光」這種莫高窟奇異景色的文獻，確實如您剛才所說的，是在莫高窟第三三二洞窟中發現的唐朝聖曆元年（六九八年）李克讓修復莫高窟佛龕時所建的《重修莫高窟佛龕碑》。我在莫高窟生活了幾十年，曾經見過這樣的情景。這種金光看起來確實是一種非常美麗的景色，特別是在盛夏八月雨後（敦煌是沙漠氣候，降水極少）的傍晚，位於莫高窟東方的三危山上，夕陽西斜，宛如完全熟透了的橘子一樣，呈現出金黃色。三危山背後是漸漸變暗的天空，前方是暗淡呈茶色的沙漠，惟有照在三危山上的夕陽顯出極為清晰的金黃色。在帶狀的金黃色背景下，山脈看上去宛若千尊佛並列而坐，我經常登上屋頂，去把這種美麗的景色用畫筆畫下來。

五〇年代，我曾經和著名畫家葉淺予先生、李斛先生㉙一起在莫高窟看到過這種奇異的景色。如李斛先生所說：「那些小山，看起來確實像千佛並列。」葉淺予先生驚嘆道：

「那些山頂，簡直像文殊菩薩[30]在靜坐。」一九七八年，畫家馮真告訴我，他看到了金光由三危山向四方投射的景色。他說，當時覺得美麗異常，大為震驚，可是一瞬間金光又消失得無影無蹤。

我兒子嘉煌也曾看到過類似的景色。他經常在山頂上畫畫。當太陽西斜，剛接觸到地平線的那一瞬間，從三危山方向放射出千萬道金色之光，他急忙拿出相機想拍攝下這種情景，可是已經來不及了。

雖然這種金光在極其偶然的機會下才能看到，但是我認為，唐代李克讓所建《重修莫高窟佛龕碑》碑文記載僧人樂僔看到若千佛現身的金光是確有其事的。這種金光給了畫家、詩人許許多多的靈感與夢幻。每當我看到金光，想像「千佛靜坐」的情景時，我的心總是陶醉，每次都沉浸在那無垠的遐想之中。

池田：是嗎！感覺好像浮現了那種影像。

關於「千佛」這個詞語，《法華經》[31]〈普賢菩薩勸發品〉中有這樣的記載：「是人命

終，為千佛授手，令不恐怖，不墮惡趣。」（創價學會版《妙法蓮華經並開結》七一六頁）

在日蓮大聖人的御書裡，也引用了〈普賢菩薩勸發品〉經文的御文，例如：

「千佛者，千如之法門也。謗法之人，獄卒來迎；法華經行者，千佛來迎。」（《日蓮大聖人御書全集》八一五頁）「非一佛二佛，非百佛二百佛，來迎授手者乃是千佛之事。」（《日蓮大聖人御書全集》一四〇五頁）

這些都是教示信仰《法華經》的偉大。

淨土三部經中說，信仰阿彌陀佛，此人命終時，觀音菩薩與勢至菩薩會來迎接他。與此相對，《法華經》裡是以「千佛來迎」這種形式莊嚴、規模宏大的表現，來凸顯其獨到與偉大之處。正因如此，「千佛」這個詞語對我們而言，是一個非常熟悉的佛教用語。

這又讓我想起大乘佛典中象徵佛和佛國土的描繪。在《法華經》序品中，有一個場面：佛從眉宇之間，放射出一道光芒，照亮東方一萬八千的眾多國土，使這些國土都變成了金色。

或許看過三危山金色光芒的人們，在那一瞬間，都沉浸在看到佛國土的莊嚴氣氛中吧。

沙漠的大畫廊

池田：敦煌石窟中的繪畫，是從四世紀到元代為止間將近千年歷史中遺留下來的珍寶。觀看這些繪畫的畫冊或圖錄時，彷佛能感受到那些生活在北涼、北魏、西魏、北周、隋朝、唐朝、五代、宋朝、西夏、元朝等歷史人物的氣息，甚至連他們的生活方式、對美的探求及祈願和平的心，也都可以感受得到。

常：中國古代的繪畫資料，大部分都流失到了海外，殘存下來的很少。一些歷史建築物，由於自然的侵蝕，以及人為破壞，大部分都已經趨於崩塌，甚至滅跡。只有敦煌，比較完整地保存了歷代繪畫的風格及佛教資料。所以，這些文化遺產對我們來説極為重要，把它們稱為「沙漠大畫廊」毫不為過。

池田：真是珍貴的歷史文化遺產。據說繪畫的總面積有四萬五千平方米。如果它比作高一米的一幅畫的話，那麼橫長就有四十五公里之多。從這樣的規模來看，真可以說是空前的大畫廊。

在莫高窟北部，發現了留下這些精彩繪畫的無名畫家居住的洞窟群。當時，他們是怎樣生活的呢？我想請教常先生的意見。

常：我們把這樣的洞窟稱為「畫工洞」。「畫工洞」內高度很低，正常人都難以直着站起來。從這一點可以看出，他們的生活極為艱苦。現存有關畫工們的資料非常少，但是敦煌文獻記載了這樣一個事實，開掘洞窟的石匠與畫家們，由於貧困，不得不將孩子作抵押來借錢維持生活。

池田：真是令人心痛的故事。但是，為什麼他們在如此艱苦的生活環境中，還能留下為數眾多的石窟呢？在成就這些事業的背後，不難想像，一定有着他們對於永恆存在的信仰，也就是對佛教的虔誠信仰心，成為畫工們的精神支柱。

常：雖然沒有詳細的歷史資料供我們分析了解，但是，我們可以想像得到，畫工們整天都是蹲着、或者是伏在地上精心地繪畫、雕刻。他們極為認真地工作，給後人留下非常精美的藝術珍品。在困難的生活環境中，他們的這種勇氣和毅力是用金錢無法代替的。我想，只有虔誠的信仰，才是他們完成這一偉大事業的堅強支柱。

池田：壁畫中，有描繪當時民眾的生活情況，我想這些也是研究民眾生活的珍貴歷史資料吧。

常：一九五〇年，我以〈敦煌壁畫——人間的生活〉為題，寫了一篇論文。在這篇論文中，我總結了壁畫中描繪歷代人民生活的資料。壁畫中對當時生活的描繪可以說是栩栩如生的，特別富有生活氣息。壁畫上面所描繪的一些生活習慣，至今還可以從人們的生活中看到。比如在農村常見的牛拉犁耕田的情景，與壁畫中所描繪的一模一樣。換言之，壁畫非常真實地反映了人們當時的生活狀態。在壁畫中還可以發現古代文獻中記載的各式各樣事情。因此，敦煌壁畫可以稱作宮廷和平民生活的大百科全書。

佛典與貴重文獻

池田：敦煌之所以引起全世界高度關注，正如先前所説，是因為在二十世紀初，在莫高窟第十七號洞窟「藏經洞」裡發現了大量經卷、書畫及文獻。據説，發現數量高達四、五萬卷的貴重遺產。為什麼在那裡會留下如此繁富的珍貴歷史資料，這也成為井上靖先生小説《敦煌》的題材。

這其中大部分的資料，被英國中亞探險家史坦因和法國漢學學者伯希和㉜帶到國外去了。剩下約八千卷的經卷、文獻後來被運到北京。如此重要的文獻流失到海外，不能不説是非常遺憾的事情。

常：我以前曾主張，把散失在各國的文物、古代文獻等歸還到敦煌，供各國的學者及中國學者共同研究使用。過去，因為缺乏愛國心的腐敗官僚不負責任，致使在藏經洞發現的物品幾乎全部流失到海外許多地方。這些東西，內容極為豐富。例如，有繪畫，有各方面的古代文獻，包括歷史、地理、宗教、古代科學技術、平民生活、服飾、軍事、小說、通俗文學等等。要想進行全面的研究，只有把這些資料集中起來，才能給學者們提供非常優良的研究條件。即使單單從藝術性這一角度來看，敦煌也不僅僅是中國一國的私有品，而應該是世界的藝術寶庫。

池田：把人類的瑰寶歸還故鄉——我完全贊同。只要一有機會，我就會如此呼籲。接下來，我想換個角度談談，從二十世紀初發現第十七窟藏經洞以來，敦煌引起全世界的關注。當先生第一次進入第十七窟藏經洞時，您有何感想呢？

常：話要從我一九三六年在法國巴黎看到伯希和編輯的《敦煌千佛洞》一書說起。根據伯希和的《敦煌千佛洞》所載，藏經洞是裝滿絲綢繪畫及寫經的洞窟。可是當我到敦煌進入這一洞窟之後，發現裡面已經空空如也，經卷已不復存在，宛如人們搬家以後留下來的一座空房子，感到非常空寂。壁畫上的供養侍女和供養比丘尼靜靜地站在菩提樹下。供養侍女的臉上充滿善良的微笑，彷彿在向我輕聲訴説着什麼：「終於把你盼來啦，我的孩子。請你自己看看吧，我很慚愧沒有能保護好這滿屋子的珍寶。我默默地站在這裡，要告訴所有到這兒來的人們這究竟是怎麼一回事，因為我是歷史的見證人。」那時，我自己心中暗暗發誓，我要永遠站在莫高窟的大地上，使她不再遭受任何災難與蹂躪。

池田：原來如此。據説，這座藏經洞是公元八四八年、漢族再次統治敦煌時修建的，和勞苦功高的洪䛒有關係。這是根據什麼理由作出的判斷呢？

常：當發現藏經洞之際，裡面有晚唐大中年代的《洪䛒告身勅牒碑》。王道士㉝把這座碑從藏經堂中搬了出來，安放在第十六洞窟通路的北壁上。從這裡我們就可以明白，第十七窟的藏經堂實際上就是供奉洪䛒和尚的地方，洞中只有佛壇和神龕之類的東西，但沒有應該被供奉的洪䛒和尚的塑像。以後在對洞窟進行調查的時候，發現了位於右側的第三六二號小洞窟中，放有晚唐時雕塑的和尚塑像，這個塑像的藝術風格及尺寸大小，正好與我想像的藏經堂缺少的洪𧦧和尚塑像相吻合。經過詳細研究，結果證明這座雕像就是藏經堂中洪𧦧和尚的塑像。因此，在一九六五年，對洞窟進行加固施工時，就把這座塑像從第三六二窟移到了第十七窟。同時，把《洪𧦧告身敕牒碑》也移到藏經堂。我在石碑的背面題字，記述石碑的歷史及發現經過。

池田：原來如此。您的說明非常明白易懂。不過，剛才提到，在敦煌文物中，大量的佛教經典是一九〇〇年在藏經洞（第十七窟）發現的，此後，常先生到敦煌之後，又在藏經洞外發現了經文。這些文物，是在什麼樣的情形下發現的呢？作為貴重歷史的見證，我想請您介紹一下發現時的情況、背景等。

常：國立敦煌藝術研究所設在離敦煌縣城二十五公里的莫高窟，四面都是人煙荒蕪的沙漠。從敦煌到莫高窟，只有一條人們長期行走形成的羊腸小道。主要的交通工具是牛車、馬、騾等。一九四三年，剛設立敦煌研究所時，為了拉車和耕田，購進了兩頭驢和一頭牛，雖然還想再買一匹馬，可是因為研究所的經費不足，沒能買成。有一天，從當時的敦煌縣縣長陳西谷先生那裡聽到這樣一條消息，說縣法院從在南山被捕的土匪那裡沒收了一匹棗紅色的馬，如果研究所需要這匹馬的話，就送給我們。在敦煌有兩種馬，一種是拉車用的馬，一種是被訓練出來可以乘坐的馬。

這匹棗紅馬是一匹很好的坐騎。我們要了這匹馬以後，飼養的家畜就有四頭了。作為飼養家畜存放飼料的場所，我們選擇了位於中寺後面的一座小廟。在廟裡，有清朝末年創作的三尊塑像。因為這些作品品質不是太好，價值也不太大，我們就決定把它們移到別的地方去。

敦煌塑像的一般創作方法，是先在中心放一根木頭，在木頭的上端再綁上一根木頭，呈十字形，周圍用草及蘆葦嚴實地包起來；在上面用麥秸及泥作大致的形狀，然後用棉及細泥來完成細部及表面，最後才能着色。

一九四四年八月三十日，我們開始移動廟中的三尊塑像時，注意到這些塑像的製作方法與一般的塑像不大相同。研究所負責移動施工的資深工作人員竇占彪向我匯報說：「我們想試着移動廟中的三尊塑像，可是由於這些塑像中心的木棒在土台基座下埋得很深，所以無法移動。因為沒有別的辦法，只好毀掉塑像，拆毀後發現塑像中心的木棒是桃木的。在敦煌的古代居民中，大都迷信神靈，他們相信用桃木可以驅逐鬼害，因此選擇桃木作塑像的中心棒。而包木頭的材料既不是草，也不是蘆葦，而是寫經的殘片。因此，我就立即跑來向常書鴻所長報告了。」

池田：在意想不到之處有了新發現！

常：我也覺得這件事情很奇怪。聽完匯報後，立刻就去現場進行調查。包桃木的確實有寫經片，是用麻紙寫成的。從紙質和字體來看，可以斷明是北朝時期的作品。因為這是一個非常重大的發現，所以立即就把這些寫經加封，妥善地保存下來。然後，立即與研究所的全體人員（董希文、李浴、蘇瑩輝、陳延儒、張琳瑛、邵芳、陳芝秀、辛普德、劉榮曾等），會同當時正在敦煌對佛爺廟進行調查、發掘的中央研究院的考古學家夏鼐、向達㉞等一起進行了鑑定。共計有經文等六十六種、殘片三十二片。這是繼一九〇〇年藏經洞發現以來又一次重大發現。

這次發現，還有另一重要意義。我問了當時住在莫高窟寺院的老住持。他說，廟中的這些塑像，在一九〇〇年發現藏經洞之前，就早已經有了。也就是說，這些寫經並不是藏經洞內的東西，從紙質及字體來看，是六朝的遺品。這次發現，證明在第十七窟藏經洞之外，也有發現寫經的可能。四十多年來，我一直堅持這種觀點。我認為今後在敦煌一定會發現新的洞窟、寫經及壁畫。

我堅信，有着悠久歷史的故城址㉟，一定保存有大量未經發現的珍貴文物。在漫長的歷史歲月中，由於自然的風化、腐蝕作用及人為破壞，有的遺跡已經崩潰，有的甚至已被流沙埋沒。舉個具體例子來説吧。一九六三年，正值我們對莫高窟進行全面強化施工之際，在洞前挖土時，人們從地下大約四、五米的地方發現了新的石窟及窟前寺的遺跡。這一事實充分説明一個問題——那就是現在莫高窟的地面要比唐代、宋代時期莫高窟的地面高出四米以上。這一發現，對於我們這些調查、研究莫高窟遺跡的人來説，是極為重要的。

一九五八年，在離南邊洞窟的邊棧五十米的地方，從地下五米處，我們發現了一座寺廟的遺址。經考查發現，這座寺廟是被大火燒毀的。根據這些事實，我們堅信，今後在莫高窟附近一定會發現許許多多更有價值的遺跡及文物。

池田：隨着莫高窟及敦煌故城址的持續挖掘，唐朝時代建有十七大寺的敦煌景象會更加清晰吧。

常：的確如此。敦煌故城址有着極為悠久的歷史。但是，令人難以想像的是，到了明代，敦煌故城址卻被人們遺棄了。此後，又遭到人為破壞或被流沙埋掉了許多。敦煌故城址位於現在敦煌縣城西側，被人稱為沙州故城。我想，今後對故城址大規模的發掘將是一件非常有意義的事情。

註釋：

①敦煌：位於中國甘肅省西部，作為東西交通要衝都市而繁榮起來，是綻放佛教文化花朵之地。

②絲路：絲綢之路，橫跨亞洲大陸的貿易之路。通過這條路，中國特產的絲綢傳至西方世界，因此而得名。曾經是貿易的幹線，東西文化交流的大動脈。

③西域：漢以後對於玉門關（今甘肅敦煌西北）以西地區的總稱。狹義上專指蔥嶺以東而言，廣義則凡通過狹義西域所能到達的地區，包括亞洲中西部、印度半島、歐洲東部和非洲北部都在內。

④司馬遷：約前一四五或前一三五—前八六年，西漢歷史學家，著有《史記》一百三十卷是中國古典史書之最。

⑤《十八史略》：將《史記》、《漢書》等十八部史書的內容加以取捨，簡略紀錄自太古以來至宋代為止的歷史。

⑥張騫：？—前一一四年，曾被漢武帝派遣出使西域諸國，到過大宛、康居、大月氏、大夏和安息等地。

⑦漢：中國一王朝名，前二〇六—二二〇年。

⑧李陵：？—前七四年，西漢隴西成紀（今甘肅泰安）人。善於騎射。漢武帝時曾率兵北擊匈奴，兵盡而降。後來病死於匈奴。

⑨ 蘇武：？—前六〇年，西漢杜陵（今陝西西安東南）人。曾出使匈奴，被扣留，在北海（今貝加爾湖）邊牧羊，前後達十九年。後來漢與匈奴和好才回到漢朝。蘇武在匈奴期間，曾與李陵來往，後人偽作了蘇李贈答詩等。故事流傳甚廣。

⑩ 赫定：Sven Anders Hedin，一八六五—一九五二年，瑞典地理學家、大探險家，《游移的湖》是其名著。

⑪ 史坦因：Marc Aurel Stein，一八六二—一九四三年，英國人。一九〇〇—一九一六年間曾三次深入中國新疆、甘肅等地，從敦煌盜走在石窟裡珍藏了千餘年的大量寫經、古寫本、佛畫繪畫和版畫等。著有《古代和闐》等書。

⑫ 《唐詩選》：七卷，收錄有唐詩四百餘首。

⑬ 岑參：七一五—七七〇年，南陽（今屬河南）人。唐代邊塞詩人。曾到達西域各地，善於七言歌行，詩與高適齊名。著有《岑嘉州詩集》。

⑭ 王昌齡：約七〇〇—七五五年，長安（今西安人）。唐代邊塞詩人。長於七絕，多寫邊塞生活。明人輯有《王昌齡集》。

⑮ 王翰：約六八七左右—七二六年，唐代詩人。作品尤其以「葡萄美酒夜光杯……」的《涼州詞》廣為人知。

⑯ 《樂府詩集》：集中國古代至唐末五代的詩歌作品之大全。

⑰ 王維：六九九—七六一年，原籍祁（今山西祁縣）。唐代詩人，與李白、杜甫齊名。他的詩以山水詩最為著名，早期也寫過一些邊塞詩。

⑱ 湯因比博士：Arnold Joseph Toynbee，一八八九—一九七五年，英國歷史學家，著有《歷史研究》以及與池田大作對談集《展望二十一世紀》。

⑲ 戶田城聖：日本社會活動家，創價學會第二任會長。

⑳ 玄奘：六〇二—六六四年，唐代高僧、佛教學者，旅行家。他曾歷盡艱辛，到印度學習佛經。歷時十七年才回到長安。譯出一千餘卷經書。著有《大唐西域記》一書。

㉑ 嘉峪關：位於甘肅省酒泉縣西三十五公里處，位於萬里長城的西端，最初開關是在一三七二年，自古以來是要衝之地，被稱為「天下第一關」。

㉒ 馬可波羅：Marco Polo，一二五四—一三二四年，意大利旅行家，十七歲時，與叔父一同經由陸路到亞洲，遍遊中國各地，回國後著有《東方見聞錄》。

㉓ 涅斯多留教派：Nestorianism，基督教的一派，七世紀初傳至中國。

㉔ 徐松：一七八一—一八四三年，北京人，清代史地學家。曾到西北進行實地考察，著有《漢書西域記補傳》、《西域水道記》等。

㉕ 藏經洞：位於莫高窟中，本世紀初從此洞窟中發現數萬件珍貴古文獻。

㉖ 莫高窟：位於甘肅省敦煌縣東南，俗稱千佛洞，是有名的石窟遺跡。

㉗ 三危山：聳立於莫高窟前的山。

㉘ 張大千：一八九九—一九八三年，四川人，著名國畫家。一九四一—一九四三年主持敦煌莫高窟的臨摹和研究。代表作有〈煙雨歸舟〉、〈停舟聽雨〉等。

㉙ 葉淺予、李斛：現代中國畫家、教授，曾親赴敦煌進行臨摹、研究工作。

㉚ 文殊菩薩：文殊師利菩薩，正如「文殊的智慧」所表現般，是體現般若（大乘佛教悟達的智慧）的菩薩。

㉛ 《法華經》：全名《妙法蓮華經》。後秦鳩摩羅什翻譯。主張人人皆可成佛，並說明只有《法華經》才是「一乘」法，其他教法只是引導眾生接受「一乘」法的方便而已。

㉜ 伯希和：Paul Pelliot，一八七八—一九四五年，法國漢學學者。一九〇六—一九〇八年間曾在中國活動，從敦煌千佛洞盜走大量珍貴文物，運往巴黎。著有《敦煌千佛洞》等。

㉝ 王道士：王圓籙，一八五一—一九三一年，發現藏經洞之人。

㉞ 夏鼐：一九一〇—一九八五年，考古學家。浙江溫州人。一九四三年任西北科學考察團歷史考古組副組長赴敦煌考察。向達：一九〇〇—一九六六年，歷史學家。湖南溆浦人。一九四一年赴敦煌考察，首先提出將千佛洞收歸國有。一九四三年任西北科學考察團歷史考古組組長。

㉟ 故城址：敦煌故城建於漢武帝時代，之後，直至明代初期作為敦煌的都城，故城址為其遺跡。

第二章　追求永恒的存在

苦難的旅途

池田：一九四二年冬，常先生答應接受無人願意接手的「國立敦煌藝術研究所」籌建工作，向着敦煌出發。先生不斷為實現自己年輕時的理想——讓「絲路上的寶石」發光，奮鬥至今。敦煌藝術之美自不待言，從您身上，我感受到了人生的無窮樂趣。

常：在愛國知識分子的呼籲及國民黨元老于右任先生①的倡議下，一九四二年國民黨政府決定成立國立敦煌藝術研究所。但是，人選問題成了一個大難題。形成這種狀況的原因是因為敦煌位於中國西部，非常遙遠，沒有人願意去。古詩云：

「出了嘉峪關，兩眼淚不乾。前望戈壁灘②，回望鬼門關。」（一出了嘉峪關，前方就是一望無際的戈壁沙漠，回頭看，嘉峪關就成了鬼門關，欲返不能，人們不禁為此痛苦不已。）

其實，敦煌位於嘉峪關以西四百多公里，是一片土地荒蕪、人煙稀少的地方，這裡在古代是流放犯人、派遣苦役之地，總之一句話，是誰都不願意去的地方。

當時，我把自己的想法告訴了著名的建築學家梁思成先生③了，梁先生極為讚賞，並且對我說：「你一定不要錯過這次難得的機會。如果我身體允許的話，我也非常想去，可是年歲不饒人啊！我只說一句，祝你成功！」

離開熱鬧繁華、車水馬龍的大城市，去戈壁沙漠，感覺好像是離開了人世間的生活，我明瞭前途有多艱難。但是，敦煌這座沙漠中的寶島征服了我，我完全入迷了。對祖國文化我有着深深的熱愛和憧憬。作為一個愛國知識分子，不論遇到什麼困難，都絕不後退半步。

池田：古諺有：「適千里者，三月聚糧」（出發踏上千里旅程的人，三個月前就要準備、蓄積糧食），您在實際出發前做了哪些準備？

常：從我開始接受「國立敦煌藝術研究所」籌建工作直到去敦煌赴任之前，發生了許許多多的事情。

首先是前妻這一關。她曾留學法國，專攻雕刻。與我結婚回到祖國以後，在我去敦煌這件事上，她說，只要是為了祖國的藝術研究，你可以去，我沒有意見。可是當我接下國立敦煌藝術研究所的籌建工作，就必須長期待在敦煌，為此她的態度完全變了，致使我在家庭和事業之間感到為難。但是，我的性格是一旦下定決心去做某件事情，就絕不會後退。最後我還是說服家人，踏上了去敦煌的征程。

一九四二年冬天，我從重慶乘飛機，離開了富饒、美麗的四川省的綠色大地，向黃沙茫茫、一望無際的西北高原飛去。一方是繁華熱鬧，綠意盎然的城市；一方是寂靜荒涼，人煙稀少的黃沙。此時此刻，在我腦海中，思想鬥爭非常激烈。

難道我的一生就要這樣陪伴着黃沙結束嗎？然而，在黃沙的彼岸，我卻發現了閃爍着光輝的綠色寶珠。我嚮往唐代美麗的繪畫，憧憬在巴黎看到過的絲綢繪畫〈父母恩重經〉④中所描繪的在空中自由飄舞的飛天⑤和優美動人、雍容大度的觀世音菩薩⑥。對於那在沙漠中閃閃發光的寶珠的嚮往，打消了我心中的疑慮與矛盾。從此以後，我將不再是巴黎蒙巴納斯⑦的畫家，我已脱胎換骨，成了研究、保護敦煌藝術的苦行僧。

池田：您這番話太令人感動了。從重慶搭乘飛機到達甘肅省蘭州以後，離目的地還很遙遠吧。現在，已經有從北京到敦煌的班機，交通狀況比以前方便多了。即便如此，據説幾年前才有早上從北京出發，到達蘭州後，住上一晚，第二天再搭飛機，才能到達敦煌機場。

事實上，創價學會醫師部代表團及我創立的創價學園的教師代表團都去過敦煌。我兩個兒子也是創價學園的教師，參加了教師代表團。他們告訴我，去的時候，從蘭州到酒泉坐了二個半小時飛機，然後從酒泉再坐八小時巴士。當他們看見沙漠深處有一小片綠色覆蓋的地方時，非常感動。很快，太陽開始西下，美麗的彩霞把天空染得通紅。他們說，這景色彷彿是幻想般的光景。

在蘭州與敦煌間的飛機還沒有通航之前，雖然有火車和汽車，但是距離真的太遙遠了。從蘭州到安西大約有一千公里，從安西到敦煌約一百二十公里。據說，往昔在絲路上騎馬或駱駝，從安西到敦煌大約要花上三天兩夜的時間。

據說，井上靖先生⑧執筆小說《敦煌》，大約過了二十年後的一九七八年，才第一次、真正到訪敦煌。井上靖先生從北京出發，第五天才到達敦煌，他述說當時的感受，說：「敦煌離都城北京真的很遙遠。敦煌是西域史中記載的邊境小城，這印象至今依然鮮明。」（《我與敦煌》）常書鴻先生從蘭州向敦煌出發時，是一九四三年二月，當時正值中日戰爭最激烈的時候，而且道路不像今天整修得這麼好。

常：現在回憶起來從蘭州到敦煌的旅程，確實是充滿艱辛。但實實在在地說，應該算是一次愉快的旅行。一九四三年，在蘭州過完春節後，我們就開始準備到敦煌去的必需品。我們一行六人乘坐一輛大卡車出發。這輛卡車是當地人們用羊毛跟蘇聯交換來的，是一輛型號非常舊的車子，人們一般都叫它「羊毛車」。因為車子很舊，所以在路上引擎多次發生熄火故障。每當這個時候，大家必須都從卡車上跳下來，一起用一根很大的鐵管作搖把來啟動卡車發動機。行車途中，凜冽的寒風呼嘯地吹打着面頰，雙耳被凍得失去了知覺，有時還痛得不得了。如果早晨要很早起來出發的話，帽沿上及眉毛上就會結滿冰霜。每個人的面頰都因為天冷而凍得通紅。

有時要在中途停車吃飯，大家下車時，腿、腳早已凍得麻木，需要活動很長時間，才能開始走路。因為腿、腳的血液循環不順暢，下車以後，在短時間內根本無法走路。我記得，第一頓午飯是在永登吃的。路旁有一個小店，裡面沒有桌子，只好用土台代替。椅子也只是在一塊木板上支上四條腿，沒有上油漆，但是因為長時間的使用，它變成了茶色，被磨得光溜溜的。店主人特意為從遠道而來的我們做了一頓拉麵。拉麵在這種窮山惡水的地方，已經是款待上等賓客的佳餚了。除了拉麵以外，只有一碟鹽、一杯醋、一碗炸油。

不過因為我們八人從早上開始什麼東西都沒吃，大家吃起來還是覺得很香。吃了午飯，給汽車加了些油和水，我們又上車繼續趕路。因為是上坡，卡車搖搖晃晃地費力向上爬。剛吃過午飯的我們，躺在行李上，甜蜜地進入夢鄉。

有時，碰到大石頭或者小溝坎，卡車就顛晃得很厲害，人幾乎有從車上被甩下去的危險，大家雖說是睡覺，但必須牢牢地抓住綁行李的繩子，否則就可能掉下車去。然而，到了下一個休息點的時候，大家不只是腿腳發麻，手也被凍得通紅，都腫了起來。

天黑後，在公路周圍一望無際的大地上，沒有一戶人家，寂靜的荒野中，只有一座寺院，孤零零地坐落在這裡。因為天黑下來了，不能再接着往前走，我們只好投宿在這座寺廟裡面。

大家都十分擔心寺廟裡面是不是會有蛇或毒蜈蚣什麼的。心地善良的司機師傅告訴我們不要擔心，他給我們解釋說：「在西北高原上沒有蛇和蜈蚣，再說，即使有，這麼冷的天氣也要被凍死的。如果是夏天，在這荒涼寺院中，說不定會有蠍子出沒，可是在這樣的嚴冬季節蠍子不會出來，請大家放心好好地睡覺吧。」

他和助手一起抱來了樹枝，在上面澆上汽油，點起火。這一夜，大家都睡得特別香甜。

第二天早晨起來，我想用晚上準備在臉盆裡的水擦個冷水澡，可是臉盆中的水，已凍成了冰，像一面鏡子。所以只好砸破冰塊，把毛巾放在冷水裡擰一下，擦洗一下身體。

我二十幾年來一直堅持洗冷水澡，這一天，我好像感覺到從未有過的奇冷。一擦身體，水蒸氣立即就冒起來。不過，冷是冷，確實非常舒服。

我們坐着羊毛車，像蝸牛爬行一樣地前進着。如果按中國當時長途旅行的平均標準速度來計算的話，我們的旅行應該半個月就結束。但是乘羊毛車，到達安西整整花了一個月。一九四三年二月二十日從蘭州出發，三月二十日終於到達安西。

池田：確實是超乎想像的艱苦旅程。我眼前好像浮現出您們在荒涼大地上行進的情景。從安西往前走，仍然是騎駱駝嗎？

常：對。從安西開始，道路就分開了。汽車道只有一條，通往新疆哈密。我們告別了汽車道及嘎吱作響的破舊羊毛車，乘車生活便打上了休止符。從安西到敦煌，只有崎嶇不平的土路可走，周圍是一望無際的黃色沙漠。這裡，偶然也能看到一些沙丘及沙漠植物，宛如一個很大的荒涼的古墳。從這兒開始，只有依靠被人們稱為「沙漠之舟」的駱駝才能繼續往前走。

駱駝走路的樣子很獨特，騎上去以後，邊走邊搖晃，使我不禁想起小時候在西湖湖畔的划船情景。對於在沙漠中邊走邊搖的駱駝來說，「沙漠之舟」此暱稱是再合適不過了。

我們一行六人，借了十頭駱駝，向敦煌走去。全部行程一百二十公里，平均每天走三十公里。這是我有生以來第一次騎駱駝。駱駝個頭很高，而且走起路來極富有彈性。因為晃得很厲害，騎上牠，剛開始還有些害怕，可是習慣以後就無憂無慮了。

駱駝的忍耐力非常強，無論讓牠馱多麼重的行李，牠都不會生氣。我雖然是第一次與牠們接觸，可是很快就成為了朋友。

池田：就這樣終於到達了敦煌。您到達敦煌時的第一印象如何？

常：騎在駱駝上一直往前走，當我們發現在黃色戈壁沙漠的遠方有一個綠點時，大家都禁不住大聲歡呼起來。駱駝好像也理解我們的心情一樣，一邊在沙地上留下如荷花般美麗的腳印，一邊加快速度，把我們馱到日思夜想的莫高窟。

我們透過樹林空隙，看到了像蜂窩一樣的崖壁。大家下了駱駝朝那兒跑去。因為下面的洞窟被埋在沙裡，所以大家登上沙丘後再滑到洞窟裡面去，一下子發現了好幾個洞窟。然後，又渡過古老的漢橋，進入一個比較大的洞窟中。

那裡面有很大的壁畫，叫作〈捨身飼虎圖〉，它給我的印象最深刻。像畫中所描繪的那樣，如果薩埵王子能把自己身體奉獻給老虎的話，我想，我也要把自己的一切奉獻給這個藝術寶庫。

苦難的歲月

池田：一九八五年秋，先生送給我一幅精彩的油畫，題名為〈雪中的莫高窟〉，這幅畫作為珍寶現在存放在我們的紀念館內。畫上有您親筆題辭：「回顧五十年敦煌歷史」，令我回想起先生與敦煌共度的風雪人生。

常：我送給先生的畫描繪的是莫高窟「九層樓」。我對九層樓懷有特別深厚的情感。當時，我第一次騎駱駝向莫高窟前進，到最後幾公里處，眼前豁然開朗：在那沉沉如睡、靜靜欲眠的樹林中，九層樓倚着山勢傲然挺立。曾在巴黎伯希和圖錄中見到過的九層樓，這時真正佇立在我面前。從那以後的半個世紀，我是踩着九層樓的風鐸聲走過來的。尤其是夜深人靜、萬籟俱寂、獨自一人躺在床上，仰望深青色的夜空，明月皎皎，風鐸陣陣，它們彷彿在責問我：「你對敦煌藝術的保護和研究工作，幹得怎樣了？」

在「文化大革命」中，我與家人飽受離別之苦，每逢我夜不成寐時，風鐸聲響便遠遠傳來。那種淒涼的聲音給我以安慰，給我以希望，也促使我振作起來。

池田：您打從心底熱愛敦煌藝術，就像慈愛自己的孩子般地珍惜。聽您談到這麼深邃的心情，那幅九層樓畫的意義更令我感動。或許，再也不會出現像常先生這樣的人了，我覺得，常先生與敦煌有種難以言說的緣分。

常：在我坎坷人生中，九層樓曾給予我無限鼓舞，因此，我喜歡畫九層樓。尤其是新雪初霽，九層樓格外耀人悅目。我送給先生的那幅九層樓正是如此。畫上有這樣的題辭：「前事不忘　後事之師。」（把以前發生的事銘記在心，作為將來的借鏡。）

這幅畫也寄託着我的希望，就是像莫高窟的九層樓那樣，不畏風沙雨雪，希望敦煌——這座寶庫的不朽價值永遠銘刻在歷史深處。這也是我發自內心的祝願。

池田：再次感謝常先生的真情厚意。從先生剛到那裡的情況來看，「陸上孤島」莫高窟的生活，食、衣、住、行，無論哪一樣大概都是第一次體驗的事吧！

常：莫高窟就像孤島一樣，所有的生活用品都必須到十五公里外的縣城（當時敦煌縣政府所在地）才能取得。那時，我住在中寺後庭（又名皇慶寺），過去是為參拜者修建的。寺裡沒有床，我用土砌成磚狀，然後用它壘成睡覺用的台子，在上面鋪了草蓆，再往草蓆上面放些乾麥秸，最後敷上布作為睡鋪。凳子也是用土做的，只不過在外面塗上了一層石灰。當時窗子特別小，又沒有電燈，只好在碟子裡倒上油，用莖心做燈芯。不過，這種燈的光線特別弱，風一吹馬上就滅。過了一段時間之後，從敦煌縣城買到了蘇聯製造的石油燈。這種燈有玻璃罩子，可以擋風，而且，光線也亮多了。

池田：在不習慣的沙漠中生活，為了取得食物也是加倍困難吧？

常：到達敦煌的當天，本來預定去敦煌縣城買鍋、碗、筷子之類的用品，可是沒想到，到那裡前一天，縣城被土匪搶劫了，城裡的店鋪全部停止營業。結果，什麼也沒買到。沒有別的辦法，我們只好用沙漠中一種名叫紅柳的樹枝做成筷子，又從喇嘛僧那裡借來鍋、碗，煮了些麵條下肚。當時，只有一碟醋和一碟鹹菜。

池田：附近有人居住嗎？

常：當時，畫家張大千先生住在上寺（又名雷音寺），與中寺僅有一壁之隔。張大千先生很了解我的貧困生活，不時招待我，給我弄些好吃的。從那以後，我逐漸習慣了沙漠生活，並且開始養羊，每天擠奶。我還吃一種從戈壁沙漠中採來的「沙蔥」，這種蔥比普通蔥味道要好一些。

池田：冬天尤其難捱吧。又是在沙漠中，您是如何度過的呢？

常：敦煌冬天特別寒冷，經常冷到攝氏零下二十多度，沒有厚厚的棉大衣是過不了冬的。我從市場上買來遊牧民做的老羊皮大衣，這種大衣的領子和衣邊有紅色或綠色布邊裝飾，穿着它，看起來如同遊牧民一樣。

池田：剛才先生提到張大千先生，聽說他在調查完莫高窟，臨走前跟您說：「我先走了。你還要在這裡無限期地進行研究與保護，真是和無期徒刑差不多啊！」（常書鴻《敦煌藝術》）（笑）當然，這也許是幽默，但從「無期徒刑」這個詞來看，可以感受到常先生當時的嚴酷生活狀況！

常：那是開玩笑。（笑）不過，我想這並不過分。但是，從當時的心境來說，如果能在這個古代佛教文明的海洋裡被判無期徒刑的話，我也會樂意接受的。

池田：在沙漠中開鑿的莫高窟，長年被流沙淹埋，受風沙侵蝕，長年累月地擱置着結果有瀕臨倒塌的危險。在這種狀況下，為了保護和修復石窟及石窟內的壁畫和塑像，常先生是從哪裡開始着手的呢？

常：為了保護和修復莫高窟，我先從植樹入手。植樹後可以阻擋土沙崩塌。然後建造土牆，防止動物啃噬樹木或竄入洞窟。為了阻止沙土流入洞窟，我還在周圍設了土牆。

池田：先生一步一步踏實地進行復興大業的情景浮現在了我腦海裡。生活上不可或缺的「水」，先生是怎麼確保的呢？

常：莫高窟的水是從三十公里外流來。但水中含有礦物質，太陽一曬馬上就起化學反應，水變得非常苦澀。即使是被稱為「甘水井」裡的水也不例外。只不過那口井日照時間短，水苦的時間也比較短，因此，每天我都在太陽升起前便去井裡打水，然後把它貯存在器皿裡。這樣一天的飲水便有了着落。

我們確信深層有地下水，便開始掘井，試圖找到地下水，可是很多年都沒有成功。一九六二年，終於在洞窟前十幾米外的深層發現了地下水。但檢驗結果是水質不好，不能做飲用水。此後，掘井工作仍在進行。經地質隊調查，一九八〇年以後，我們最終在莫高窟找到了可以飲用的地下水。不過，這種水仍不能直接飲用。

池田：我想，先生為了健康問題一定也相當費神吧！

常：水的確是個大問題，但是一旦出現了病人就更不好辦。在那裡曾發生過好幾起生命瀕臨死亡的險境。莫高窟是沙漠中的孤島。看病需到很遠的地方。新中國成立前，我的第二個女兒得了急病，當時因敦煌沒有醫療設備，街上交通也很不方便，結果，五天之後她就死在莫高窟。研究所的人員在我女兒墳前獻上花圈，上面寫着：「孤獨貧窮的人們敬贈。」

有一次，擔任莫高窟測量圖任務的陳延儒得了急症，高燒不止。他昏睡之際曾抓住我的手對我說：「所長，我已經活不長了。我死之後，不要把我埋在沙堆中，一定要把我埋在泥土中。」

還有一次，我的妻子李承仙也差點死去。那天早晨三點左右，她大量出血，臉色眼看着變白。我趕緊請人趕着毛驢去請醫生。醫生趕到時已經下午三點多了，幸好有醫生的精心看護，才把妻子從死亡線上搶救回來。

池田：我相信先生的女兒一定會活在先生心中。夫人也與先生一起超越了生死。先生在《敦煌藝術》一書中寫道：「敦煌有我的大半人生」，在敦煌真是勞苦與忍耐連續的每一天，真是感慨萬千不尋常的偉大歲月。

常：謝謝。說起來可能有點重複，但回顧我四十多年的人生路，當初的生活真是歷經妻離子散，嘗盡艱難困苦。

那時我曾想，是留在敦煌與艱困做鬥爭，還是回到都市過安逸的畫家生活呢？每當我為這些煩惱時，許多話語便浮現在腦海裡，如張大千先生的「無期徒刑」，徐悲鴻⑨先生的「不入虎穴，焉得虎子」，梁思成先生的「破釜沉舟」，都時刻激勵着我，使我能夠繼續與困難做鬥爭。想起這些話的同時，我心中便升起這麼一個念頭：「人生是戰鬥的連續。每當一個困難被克服，另一個困難便會出現。人生也是困難的反覆，但我絕不後退。我的青春不會再來，不論有多大的困難，我一定要戰鬥到最後。」這個想法更堅定了我留在那裡的信念。從現在看，我的這個選擇是正確的。我一點兒都不後悔。

池田：能夠說出「無悔」，這樣的人生是勝利的人生。人生會遭遇很多困難，志向愈大困難也愈大。許多人一遇到困難就選擇逃避，半途捨棄自己的志向，但是先生卻勇敢貫徹苦難之道。只有艱難才能琢磨我們胸中的寶珠。比起順風，逆風更能使人成長，我自身體驗過這個道理，也經常告訴年輕人。我曾經送給一位青年這樣一句話，鼓勵他：「你無須只輸了一次就灰心喪志，真正的勝利，是到人生最後時刻，仍堅持貫徹信念。」

正如先生所說，重要的是，是否奮戰到最後為止。能夠說出「我勝利了」的人生，才是崇高的人生。

美麗的西子湖畔

池田：想請常先生說說您的人生，尤其是少年時代、青年時代的事情。常先生是在杭州出生的嗎？

常：是的。我出生在風光明媚的西子湖⑩畔，少年時代、青年時代，一直都是在這如畫的地方度過的。

池田：西湖真是個好地方，我曾經去過一次。

常：您是什麼時候去的？

池田：一九七四年，第一次訪問貴國時。當時，東京和北京之間還沒有通航。我從香港經過廣州到達北京。在北京，會見了當時的李先念副總理，並且訪問了北京大學。之後，又訪問了上海及西安，深夜到達杭州。第二天傍晚，又回到上海，真是非常緊湊的行程。中日友好協會孫平化會長（當時為秘書長）一直陪同我們。

常：是這樣啊。杭州是我充滿回憶的地方。

池田：唐朝大詩人白樂天曾稱讚杭州美景天下無雙。蘇東坡（北宋著名詩人）一首非常有名的七言絕句歌頌西湖美景：「水光瀲灩晴方好，山色空濛雨亦奇。欲把西湖比西子，淡妝濃抹總相宜。」（《蘇東坡詩集》）。我們到訪西湖那天，確實遇到如文字所描繪的「雨亦奇」。我們遊覽「三潭印月」（西湖十景之一），細雨濛濛的西湖，別有一番韻味。下了遊船，在花港公園避雨，那時，我與一位從山東省來的十一歲小男孩交上了朋友。我發現，西湖不可思議地孕育出年輕人的美好心靈。

常：在我家門正前方有一條小河，還有一片荷花池。春天一到，就有許多小蝌蚪在池裡穿梭漫游。不多久，小蝌蚪尾巴消失了，變成青蛙，在荷葉上跳來跳去，捕食小蟲兒。

一到早晨，池畔聚集許許多多的小蝦米，牠們透明的軀體，即使在水中也能看得一清二楚，說不定偶爾還會有幾隻跳上岸來。每天清晨我都很早起來去捕蝦米，每次都能裝滿一大臉盆，然後交給母親。因為當時家裡很窮，我們就用這些蝦米做菜吃。

每年季節一到，荷葉就慢慢地從水中露出，像傘一樣漸漸張大開來。不知不覺中，荷花就長得比荷葉高，競相綻放、爭奇鬥艷，顯得格外美麗。一到了那個時候，我們就去採蓮蓬、吃蓮子，每年都重複着相同的事情。當荷花盛開的時候，我常常被這種美麗所感動，總想把這動人景色，用畫描繪出來。

池田：是啊、是啊，我構思要寫詩給先生的時候，腦海中首先浮現的就是荷花。

西湖可賞蓮，碧波葉田田。
孤山紅梅艷，秋月競爭先。
家境雖貧寒，英才出少年。
不畏藝道險，壯志淩雲煙。

我好像體會到，在西湖成長、感情豐富的少年郎立志走上繪畫之路的情景。常先生在西湖湖畔的生活中，印象最深刻的事是什麼呢？

常：印象最深的一件事情，發生在一九二四年。當時，我正在遠處畫雷峰塔⑪。忽然，沙塵突起，漫天飛舞，很快，我就從一個船老大那兒聽說，原來是雷峰塔倒了。值得慶幸的是，我年輕時見到過雷峰塔的雄姿。而且，還把我描繪雷峰塔的畫兒精心保存了下來。所以，我始終認為，繪畫是一項非常了不起的工作。之後，我選擇寫實主義繪畫流派，可以說受這件事情影響很大。

池田：在流逝的時間長河裡，一塊畫布上輝耀着「永遠的瞬間」。在畫家們洗練心鏡映射出來的刹那之美，超越了幾百年歲月，仍能為遙遠國度的人們送上不朽的光芒。先生立志走向描繪美麗世界的藝術之道，請問契機是什麼？

常：您說得對。把我引上藝術之路的第一位老師是我三叔。我三叔和四叔身體都有病，三叔曾經從鞦韆上掉下來，導致身體殘廢；四叔小時候非常可愛，經常被大人舉起來逗着玩；有一次不幸失手，被摔在地上，也成了殘疾人。

特別是三叔，身體狀況非常不好，兩腿彎曲得很厲害，幾乎緊貼着胸口，右手也不能伸直。但是，他並沒有因病而意志消沉，而是時時刻刻都在頑強地生活着。他只有一隻手可以活動，可是經過長時間的鍛練，這隻手終於能畫畫了。每到春節或是聖誕節前後，他就畫賀年卡上的畫，比如，小孩跳繩、爆竹遊戲、燈籠遊戲，等等。有時，他事先畫好草稿，讓我們小孩子照着他的樣子畫，最後再讓我們着色，製成賀年卡。畫了一遍又一遍，功夫不負有心人，終於，我們畫得愈來愈像了。叔叔身體不好，畫畫時極為困難，他好像認為我畫得不錯，所以答應要教我畫畫。

當時，家裡非常貧寒，為了幫助生計，我就開始給人畫像。當時雖然也有照相館，但是一張至少要花四、五十元錢，對一般家庭來說是負擔不起的。我在家門口寫了一幅替人畫像的廣告，畫一張能得二、三十元錢，對家裡幫助很大，而我的畫也愈來愈好了。所以，說三叔是我學畫的啟蒙老師，毫不為過。

池田：常書鴻先生的家有怎樣的家風呢？聽說，您祖父是滿族軍人，這家風至今還保留着嗎？

常：我祖父是滿族人，名字叫伊爾根覺羅。清朝時，從東北黑龍江來到杭州擔任守備軍，從此，就定居杭州了。在西湖邊上有一個叫作「旗下營」的地方，清朝時遷來的滿族人，大都集居在這裡。我們祖先從東北南下以後，一般都被人稱為「滿族」。小時候，祖母經常為我們講祖先們的故事，她告訴我，我們的祖先在戰爭中都是英勇善戰的好漢。

每年，到了祭祀祖先的日子，母親總是把頭髮高高地挽起來，並且穿上高高的木屐、旗袍（民族服裝）。

辛亥革命（一九一一年）時期爆發的「殺韃子」（殺滿族人）運動，對我們來說，是一次非常痛苦的經歷。各種各樣的消息交相傳來，我和祖母一起逃出去，躲了起來。不過，街上倒是非常平靜，家人也沒有出什麼事兒。因此，一直到一九五〇年，我都沒敢說自己是滿族人。

我生來就具有一種不屈從於權力的倔強性格，這是從祖先那兒繼承下來的秉性。我相信，祖母與母親對我從小就進行了這樣的教育。

戰爭年代

常：不要只是說我的事，我還想了解一下池田先生少年時代的生活環境。

池田：一九二八年昭和三年正月二日，我出生在現今東京羽田機場附近。家中從事海苔製造業，我在兄弟間排行第五。

還記得，當時我們家院子很大，一年四季花草不斷，有櫻花、無花果、菖蒲、石榴、西瓜、香瓜等，還有一個大水池。總之，少年時代覺得什麼都特別大，實際上是什麼情況，已經記不太清楚了。水池裡有荷花，鴨子在裡面游來游去，還可以釣魚、捉蜻蜓。家門前有一條清澈的小河，河裡的水是能生喝的。

房子周圍，是一大片廣闊稻田，這對於今天使用羽田機場的人們來說，是無法想像的景色。附近就有美麗的海岸，呼吸着新鮮空氣，與大自然一起自由自在地度過了童年。

家裡吃的食物，大致上都能自給自足，屬於半漁半農的家庭，這裡可說是東京都內的鄉下地方。

常：原來是這樣。

池田：但是，當我小學二年級時，作為家裡經濟支柱的父親因為罹患風濕病，有兩年左右無法動彈。這段時間，是生活最困難的時期。冬天，天亮前就要在海上採集海苔，這是一件艱辛的工作，就連在一旁幫忙的我，也深深體驗了那寒冷的辛苦滋味。

後來，戰爭不斷擴大，從大哥開始，四個哥哥相繼被徵召去當兵。我從小學六年級起，加上中學的二年，一共有三年多的時間送報紙，努力貼補家計。當時，即便是一個小孩子，也能感受到要存活下去是多麼地不容易。

常：您少年時代，從雙親那兒接受到什麼樣的教育呢？

池田：我家孩子多，並且就像剛才所說，父親因病臥床不起，我並沒有接受什麼特別的教育。只是父母親都非常正直、誠實，是非常善良的市民，我雖然沒有受過什麼特別的教育，但從父母那兒，不知不覺地，學習到了許多為人處事的道理。

常：請問您的父母是什麼樣的人呢？有種種的回憶吧！

池田：我父親生前被附近鄰居稱為「老頑固」，個性倔強。雖然生活得非常窮苦，但我記得父親經常告訴我們：「不要給別人添麻煩。」

之前，在日本經濟新聞社發行的《我的履歷書》中，我寫道：父親非常喜歡整潔，他的個性是什麼都要整理得井然有序，否則就會不舒服。有時他會用食指摸一下紙門的木框，如果手上沾了灰塵，他就會責怪我們清掃得不夠乾淨（笑）。我常想起父親雖然倔強、嚴格，但總是和善待人，竭盡全力幫助別人的身影。父親非常討厭戰爭，絕對不答應我想去當兵的志願。

我還記得，有一次掉進水池裡，差點溺斃。我大聲呼救，用力掙扎，就在快要精疲力盡時，父親聽到消息就跑着趕來了。當時父親把我從水裡拉起來時的手上溫暖，我迄今仍然可以感受得到。

我聽說，常書鴻先生小時候，有一次也曾經掉進家鄉杭州的西湖，差點送了命（笑），那時好像有一位青年跳進湖裡，把您救了上來。

常：對，有這麼一回事。那麼，您的母親又是一個什麼樣的家長呢？

池田：我母親侍奉頑固的丈夫卻從不抱怨，總是默默地工作。少年時期，我透過母親的姿態，自然而然地學習到了勞動的尊貴。母親雖然非常溫柔，但也和父親一樣嚴格地教育我們兩件事：「不要給別人添麻煩」；「不許說謊」。雖然是很平凡的事，但我認為，這是作為人最基本的教育。

常：聽說您有個哥哥在戰場上陣亡了，少年時期，您身體非常孱弱，這些事是否對您有些什麼影響呢？

池田：我有四個哥哥，都被徵召入伍。一九四一年（昭和十六年），大哥曾回過日本一次。那時候，我十三歲。到現在我還清楚記得大哥告訴我戰場上的悲慘情況。

大哥像是在告誡我一樣，說：「日本軍人太殘酷了，做那些事，中國人太可憐了。」那時大哥說的話，直到現在仍清晰地留在我心中。後來，哥哥又被徵召入伍，離開日本。

因為勞動主力的哥哥們被徵召去打仗，我家的生活愈來愈窮困。戰後，除大哥外，另外三個哥哥，在一、二年內都陸續退役歸來。

母親堅信大哥也一定能退役歸來，每天都在心裡期盼着他回家，可是大哥卻在緬甸陣亡了，當時年僅二十九歲。這個消息傳來時，戰爭已經結束兩年了。當母親抱着裝有哥哥骨灰的白木箱子時，我不敢正眼看她那悲痛欲絕的樣子。從母親失去愛子的深切悲痛中，我痛感戰爭的悲慘及殘酷。我有好幾位同學作為「少年志願兵」去了戰場，也有人失去了年輕生命。我也有過類似的經歷，在大空襲中，家裡房屋兩次被燒毀，我在燒成灰燼的瓦礫堆中不知何去何從。

進入舊制的小學前，我還患過肺炎。從那之後，與疾病奮戰了相當長的時間。透過這種體驗，我發現自己對於體弱的人及病人有着特別敏感的反應。對於健康的人來說，這或許是不容易明白的事。記得小學時，我經常盜汗、做惡夢，在幼小的心靈裡，經常思考：「人死了以後，會變成什麼樣子呢？」

戰時，我在青年學校接受軍事訓練時，突然吐出血痰，接着是咳嗽不止，不斷盜汗，肺病持續惡化，醫生勸我必須靜養。但是，因為遭受大空襲，無法靜心養病。後來又患了胸膜炎，醫生說，不知道我是否能活到三十歲。因為這種情況，人的生死問題不曾離開過我的腦海。我閱讀了許多哲學和思想的書。對「生命」與「和平」這兩個問題，愈來愈感興趣。

我的朋友　我的老師

池田：相信日本的讀者都很期待聽到您的事，接下來，請讓我再提出幾個問題。聽說常先生不是在美術專科學校，而是在工業學校染織科讀書⑫，這件事情對於您後來投入敦煌壁畫研究有沒有幫助呢？

常：我喜歡豐富的色彩和富有裝飾性的花卉。這些對於之後臨摹敦煌壁畫起了很大作用。我從小就喜歡繪畫，想去美術學院，可是父親卻說：「不會有什麼出息，別去上了！」並且還勸我，為了國家，應該去做一個實業家，讓我選擇了工科。

沒有辦法，我就進了浙江省立甲種工業學校（現為浙江大學）。但是，我無論如何對代數、幾何等都提不起興趣，幸好學校還有染織專科，所以我就選擇了這項專業。往布料上染紅色或綠色，我感覺到好像是開闢了一個新天地，這件事情對我之後從事油畫有很大的影響。

池田：在學生時代的恩師中，印象最深刻的是哪一位老師？另外，常先生有沒有特別值得回憶的同學呢？

常：我最尊敬的老師是浙江省立甲種工業學校時代的一位老師。這位老師經常以「實業救國」來教育我們，因此，他總是給我們講起學習先進技術的重要性。這些，成了我救國思想的起點，也成為我為祖國努力學習的思想原動力。

在朋友中，我記憶最深刻的是工業學校時期的同學沈西苓。他跟我一樣都喜歡美術，進了染織專科。我常常跟他一起到西湖去寫生。我們倆為了更快地提高自己的美術水平，加入了西湖畫會。在那裡，我們互相勉勵，互相學習，結識了杭州許多知名前輩畫家。

從工業學校畢業後，他東渡日本留學，經常給我寫信。信中，他說我如果願意到日本留學的話，可以幫我聯繫，並勸我盡量到日本去。後來，我下決心去法國留學，就沒去日本了。他從日本回國以後，曾對我說過：「祖國正處於危難之中，繪畫不能使民眾覺醒。」之後，他改行製作電影去了。

池田：是這樣啊。

常：另一位是西湖畫會中與我同歲的畫友馬施得。他是師範學校的老師，非常有禮貌，特別勤奮。他全家都被軍閥以莫須有的罪名逮捕，只有他從後窗逃了出來。有一天，在我去西湖寫生的路上，碰到了軍隊。當着眾多的人，他們竟然處決了一名被逮捕的青年人。當我得知被殺的是馬施得時，心裡受到了極大刺激。我對這個軍閥橫行的腐敗社會早就失去信心，所以盼望能盡早到巴黎去。

池田先生，在您少年時代，有沒有您尊敬的老師呢？

池田：小學時，有二位女老師和二位男老師教過我。他們教課都非常認真，令人難忘。特別是檜山先生，他是我畢業時的班導師，我對他的印象特別深刻。

檜山先生非常愛護少年活潑的心及各自不同的個性，我認為他自然而然地讓我們明白了做人應該遵守的事。有一個回憶，隨着歲月流逝，使我對檜山先生的感激之情與日俱增。畢業旅行的時候，老師一直觀察着我經常大方請客，把零用錢都花光了。他告誡我說：「池田君，你哥哥們都去當兵了，你至少應該買些土產品帶回去給爸爸媽媽啊！」還悄悄把我叫到別人看不見的地方，塞給我一些零用錢。

還有一位是我在羽田萩中國民學校讀書時的岡邊克海老師，也令我印象深刻。老師經常與學生們玩相撲，並且毫不掩飾地全力與學生對陣。他講課非常生動，淺顯易懂。總是讓學生們充分發揮，再從中確實地引導他們的個性和特質。岡邊克海先生就是這樣的老師。

對我而言，非常幸運的是，能夠接觸到這樣滿懷熱情，讓孩子充分發揮特質，使他們自在無限成長的老師。

常：在您青少年時代讀的書中，給您印象最深刻的是些什麼書呢？

池田：首先，是法國著名作家雨果的《悲慘世界》。我記得第一次讀這本書是在大約十四、五歲的時候。當時，對於主角尚萬強奇特的人生經歷以及雨果對於人心內面的寫實洞察力深深吸引着我，讓我反覆吟味讀了好幾遍。書中有這樣一段話非常有名：「人的心眼，雖讓我們見到人身上最多的光明與黑暗，但卻無法看到比人心更恐怖、更複雜、更神秘、更無限的東西。比海洋更寬廣的是天空，比天空更浩瀚的是人心。」雨果凝視人的內心世界，並藉此探求善的光源，對此，我深有同感。

此外，惠特曼的詩集《草葉集》也令我印象深刻，我記得最初拿到這本書大約是在二十三歲的時候。當時，我經常把其中幾首最讓自己感動、喜歡的詩背下來，在晚上回家路上，一邊小聲朗誦，一邊走回家。

貴國的書，例如《三國志》、《水滸傳》、《十八史略》等，我也曾經忘我地讀過。我的恩師戶田先生，為了培育訓練我們青年，經常透過小說及歷史書籍教導我們各種事情，其中有一本作為教材的就是《三國志》。其他還有：大仲馬的《基度山恩仇記》、霍爾·凱恩的《永遠之都》、丹尼爾·狄福的《魯賓遜漂流記》等。這些書，都有着我與恩師暢談的種種回憶。

總之，年輕時與好書邂逅，會成為任何東西都無法取代的人生之寶。

決定人生的邂逅

池田：您是哪一年去巴黎？

常：一九二七年，我二十三歲時。去的時候，我的旅費幾乎全部被一個人騙去。我當時非常幼稚，一個同鄉對我說：「我與中國駐巴黎的大使的父親很熟悉，你的一切我全包啦。」我就完全聽信了他的話，把旅費的二千元全部交給他。然而，他把錢都花在了女人身上，只給我買了一張從上海到馬賽的最低等艙的船票。這張票只需一百元，在船的最低部位，很熱，空氣十分污濁，每天還要被迫做些洗盤子、剝土豆皮之類的活兒。

一個月後，船終於到達馬賽，可是口袋裡剩的錢，就只夠吃一頓飯了。雖然我聽別人說：「到了大使館就好辦了，既有工作，又有錢。」可是當我走到大使館一打聽，得知大使即將離任，無法處理此事，我簡直束手無策。我又去拜訪了別的同鄉，求別人為我介紹了一份工作，在巴黎的中國料理店作雜役，總算保住了一天三餐。之後，考試合格，就轉為公費留學生，到里昂的中法大學去學習。在那裡，每天一邊學法語，一邊在里昂國立美術專科學校學習繪畫。

池田：聽說常先生學習法語非常認真，把一本法語辭典都背下來了。

常：我小時候就有一本法語辭典，但是我經常裝在兜裡的不是辭典，而是寫有法語單詞、包巧克力用的小紙片。我經常從嬸嬸那裡要來包巧克力用的小紙片，然後，把單詞寫在上面，一個一個地背過。因此，口袋裡常常裝滿了包巧克力的小紙片，每背完一頁單詞，我就把紙片扔掉。這樣日復一日，日積月累，兩年間就把一本法語詞典全部背了下來。

池田：這樣的經歷，相信是終身難忘的。青年時代，什麼都能做，想怎樣磨練自己都行。常先生在巴黎和里昂主要是學習什麼呢？

常：在巴黎主要是學習美術史及油畫技法。里昂是紡織業極為發達的城市，機器織品的圖案藝術性非常高，而且，機器織品的圖案和美術圖案有着密切的關聯。因此，在里昂我除了學習美術之外，每個星期天還去學習提花織機的技術，這種機器在法國非常普及。以前在中國的甲種工業學校學到的知識，在我學習操作提花織機時派上了很大用場。

池田：聽說您當時在塞納河畔的露天書店發現了伯希和寫的《敦煌千佛洞》，那時先生與敦煌的邂逅，決定了您的人生。

常：一九三五年秋天，我偶然發現了伯希和寫的《敦煌千佛洞》一書，如果說這次發現迎來了我人生中最大的轉機，毫不為過。這本書給我很大的啟發，而且決定了我以後的人生之路。

當時，我在法國孜孜不倦地學習西洋油畫。十年間，我從法國巴黎、里昂的美術家協會三次獲得金獎，二次獲得銀獎，而且還做了法國里昂美術家協會會員、法國全國肖像協會會員，連我自己都覺得已經是蒙巴納斯的畫家了。

當我看到伯希和《敦煌千佛洞》書上圖片的瞬間，我幾乎不能相信自己的眼睛。祖國竟然留有這樣光輝燦爛的古代文化遺產，我簡直不能相信這是真的。仔細一看，伯希和在序言寫道，這些照片是一九〇七年在敦煌石窟中拍攝的。我對祖國佛教藝術的輝煌燦爛、博大精深感到十分驚異。把眼前敦煌石窟藝術品和我以前崇拜的西洋文藝復興時期的藝術作品進行比較，不論是從歷史的久遠方面來看，還是從藝術表現技巧來看，敦煌藝術都更勝一籌，這一點一目了然。

「這簡直是一個奇跡」，我立即被敦煌藝術所吸引了，並下定決心回到祖國，到敦煌去，一定要用自己的眼睛，親自看一下這些寶物。而且我心中還這樣想，作為一個中國人完全有責任去保護、介紹這些文物，使它們重放異彩。

池田：是什麼如此深深地吸引住您……

常：在伯希和《敦煌千佛洞》的圖錄中，最使我傾心的是壁畫圖案部分，宛如提花織機織出來的圖案一樣。還有第二百七十五窟代表唐代藝術的壁畫。隨後，我向店主打聽了《敦煌千佛洞》一書的價格，貴得驚人，憑我的經濟能力根本買不起。

店主告訴我，在附近的博物館裡，有從敦煌出土的大量絲綢畫，我聽後立即去參觀。在那裡，我第一次面對唐代繪畫進行觀摩。這些畫的技巧都很嫻熟，畫面也很整潔、漂亮，我深深地被吸引、被感動了。

池田：我了解了。此後，先生回到祖國，在您第一次前往敦煌之前，先舉辦了個人油畫展，將賣畫所得充作旅費。

常：在法國看到伯希和《敦煌千佛洞》圖片之後，我在心中發誓，一定要回到祖國的敦煌。當時，在繁華的巴黎，在某種程度上我已經取得了一些地位。作為里昂美術家協會會員及法國肖像畫協會會員，我能過着非常安定與舒適的生活。把這所有的優越生活丟棄，回到祖國，這件事情本身就是令人難以理解的；更何況到只有流浪漢才去的、荒蕪人煙的敦煌去，就更非平常之舉了。

面對的諸多問題中，首先就是經費不足。為了準備、籌措到敦煌去的旅費，我在重慶舉辦了個人畫展。在那裡，我賣掉在法國和中國所作的四十幅畫，充當旅費。當時政府的教育部並不支持我到敦煌去，但是，我已下定決心背水一戰，打算只要賺夠旅費，別的什麼也不需要，就立即到敦煌去。可以這樣説，伯希和《敦煌千佛洞》一書，對我影響極大，幾乎決定了我的人生之路。池田先生在這方面有過什麼體驗嗎？

池田：對我人生影響最大的，就是與戶田先生（創價學會第二任會長）的邂逅。

常：那麼請問池田先生，您是什麼時候、怎樣結識戶田先生的呢？

池田：那是在日本戰敗以後。一九四七年夏天，即將迎來第二次終戰紀念日，當時我十九歲。一位朋友來訪，告訴我有一個關於「生命哲學」的會議，邀請我跟他一起去參加。我問他是不是柏格森⑬的「生命哲學」呢？他說：「不是。」

不過因為我對這個問題有興趣，就跟他一起去了。這個會議其實是創價學會的座談會，在那兒擔任主講的就是戶田城聖先生。

常：您當時對戶田先生的第一印象怎麼樣？我想問一下，您為什麼要選擇戶田先生作為您人生的老師呢？

池田：戶田先生當時四十七歲，如果用一句話形容對他的第一印象，那就是他是一位非常傑出的人物。尤其，他是我在此之前不曾遇到過的那種類型的人，從他高度近視鏡片後的眼睛放射出獨特、平易近人的目光。從初次見面，我就對他毫不虛飾的人格及說話方式，有着不可思議的親切感。當時正值日本戰敗的第二年，人們光是為了活下去都很辛苦，人心極為慌亂。但是，在昏暗的燈光中，座談會會場裡卻充滿光明與活力。

我對戶田先生自然的舉止及談話方式感到親切，所以，雖然是初次見面，就單刀直入地向他請教，提出三個問題：

「何謂真正的人生？」

「何謂真正的愛國者？」

「您怎麼看待天皇？」

戶田先生對這些問題的回答，簡單明瞭，直截了當，洋溢着誠實的心情。我直覺地感到：「這個人說的是真話，這個人值得信賴。」

當時的心情難以言喻，日後回想起來時，我寫道：「我不知為何就是非常高興。」那時的感慨，直到如今，仍然鮮明強烈。而且，我聽說，戶田先生曾與創價教育學會創會會長牧口常三郎先生一起被捕入獄，後來牧口先生死在獄中，戶田先生在獄中被關了二年多。他們站在佛法信仰者的立場，正面反對當時軍國主義大肆宣揚的國家神道，因而受到當時不可一世的當權者的迫害。但是，他們堅決不屈服，結果被以違反治安維持法和不敬罪等罪名，遭到檢舉，被關進監獄。

這件事情對我而言具有決定性的意義。因為，「面對惡劣權力是否與其鬥爭？」更直接地説，「是否為反對戰爭而入獄？」是我判斷當時領導者的一個決定性標準。

在國家戰敗這樣悲慘的世局中，人們開始認真反思，無論如何都不能再發生這樣悲慘的戰爭。確實，那時我認為邂逅了非常難遇、能成為人生導師的人。只是當時我還不知道，與戶田先生的邂逅會改變我的命運。但是，心中的烏雲被吹散了，強烈地希望跟隨這個人，去追尋更深遠的東西。

不久，我進入戶田先生的公司。在先生跟前日以繼夜地工作。

戶田先生經常對我説：「日本與中國的友好才是最重要的事情。」這雖然已經是三十多年前的事了，但是這些話我一直銘記在心，作為先生的弟子，一定要為日中友好竭心盡力。

常：池田先生，您到現在肯定有過不少磨難挫折。先生年輕時就任創價學會會長，您能否談一談當時的感想及抱負？

池田：我就任創價學會會長時是三十二歲。是在我的恩師戶田前會長逝世二年後，由理事會做出的決定，之前有好幾次向我提出邀請，但當時，我擔心我的健康狀況，而且，覺得自己太年輕，於是每次都堅定地加以拒絕。但是，恩師戶田先生生前曾說：「我的工作全部都完成了，今後就拜託你了！」他的話敦促着我，使我覺悟有一天還是必須要接受。

就任後，在拜訪一位日本領導人時，他說：「你的事情我從戶田前會長那兒已經聽說了。」讓我再次深深感謝恩師為我做好的佈局。我的願望就是，「我個人怎樣都無所謂，但我希望一輩子成為全體學會會員的屋頂，守護大家。」

我已經覺悟，前進的路途上會有許多障礙與風暴，而且充分知道會長的職位責任重大。然而，既然就任，就惟有奮力向前，別無選擇。對我而言，最初兩年是決定勝負的關鍵時期。貴國有句名言「孜孜不倦」（每日每日不倦地工作）。這或許可以說明我當時的心境。

同時，我也不斷告訴自己，不可疏忽自己身邊的每一件事。就任會長後一年的時間裡，我每天早上去信濃町（新宿區）本部時，先從大田區的家裡騎自行車到車站，然後搭乘電車去信濃町本部。也有人說：「你是創價學會的會長，還……」，但我認為為了青年，為了將來，必須展現不奢華的典範才行。

常：池田先生在中國也很有名望。您現在從事活動的源頭原來是來自於戶田先生！

池田：我是一個平凡的人，因為決意要實現恩師的所有構想，才奔走至今。現在沒有任何後悔。當然，我最感謝恩師教導我至為崇高的生活方式。

創價學會在之後的十年間，會員人數從七十五萬戶增加了十倍。一邊外護宗門，一邊如先生所知道的，我們創立政黨、大學、研究所、學園、美術館以及日本最大的音樂文化團體，並且以佛法為基調，向世界開展和平、文化、教育運動。這都是以恩師的構想作為基礎的。

我永遠無法忘記恩師逝世前的某一天，他如同留下遺言般對我說：「學會需要菁英。讓真正有能力的人發揮才幹！」恩師深知我的性格，大概是出於體貼，不想增加我的負擔而這樣說。真的很感謝先生的苦心！

常：到現在為止，先生感到最困難的事情是什麼呢？

池田：啊，這也正是我想請教人生前輩常先生的問題。（笑）因為我從年輕時就體弱多病，非常擔心健康問題，到了這個年紀還能如此健康地工作，是我年輕時無法想像的。不過，常先生剛才說：「人生是戰鬥的連續。克服了一個困難，另一個困難便會出現，人生也是困難的連續。」我深有同感。所以，或許是變得年輕這件事是最困難的吧。（笑）

我是佛法信仰者，不論是順境或逆境，都不會一喜一憂。我認為只要從容不迫、堂堂正正按照自己的信念之道走下去就好。我遇到過各種各樣的事、也見過各式各樣的人生百態，這些全部都使我變得更堅強。我認為是值得感謝的事。

同時我也決意要一生，不，是永遠守護與我一起超越許多磨難的眾多朋友。

我相信，常先生的人生中，一定遭遇過難以言喻的艱苦事情。

常：當然有很多。如果說最傷心的事，那莫過於當初到達敦煌莫高窟千佛洞時看到的情景，洞窟被沙漠淹沒，壁畫剝落，令人為之嘆息！

池田：先生當時的心境可以想見。但是先生將這種「哀惜之情」轉變為行動發條，向各地呼籲必須保護敦煌。

常：當時對我來說，怎樣保護莫高窟是我的主要課題。我曾幾度向上級請示，向社會呼籲，希望喚起政府及社會對敦煌保護與研究的重視。

那時，蘇聯地質專家來玉門進行石油開採的實地調查，我請他們來，向他們請教保護敦煌的意見。而且，我一連幾次把敦煌的危險狀況、洞窟裂縫及壁畫剝落的情況寫成報告，向社會各方面呼救。最後，經周恩來總理批准，進行莫高窟固定工程。「文化大革命」開始之前，這項工程已經完工。

池田：最艱苦的歲月是在什麼時候呢？

常：前面提到，前妻的出走對我是個沉重打擊。當時，敦煌的工作剛剛開始，我每天的工作從早晨忙到晚上，根本沒注意到妻子的變化，遭受了內外雙重打擊。前面講到，當時國民黨政府教育部不給經費，而且下令解散敦煌藝術研究所。歷盡重重困難我才從國外回到敦煌石窟，當看到現存的石窟仍然受到自然及人為的破壞時，我下定決心不能再讓它遭受如此殘酷的損害。

當時，我接到國民黨政府解散敦煌藝術研究所的命令，心裡非常難過，四處求援。前妻出走後，留下十三歲的女兒和三歲的幼子。從那時起，我與兩個孩子在沙漠中相依為命。我不相信宿命，但是我的心卻時時發痛，「為什麼我的命運如此悲慘……」

悲痛中，尤其夜深人靜、一片肅寂時，九層樓的風鐸傳來清脆的鈴聲。我凝望敦煌石窟，在深藍的天空下，與滿天繁星一起沉入夢鄉，便產生了一種幻覺：壁畫上的飛天閃着光芒向我飛來，她們悄聲向我訴說：「你的夫人離你而去，但你絕不能離我們而去，絕不能離敦煌而去！」

那時，我的良心深深地譴責我：「書鴻啊，書鴻，你為何回國？你為何來到這荒僻之地？堅強起來！心志不同，夫妻難為，本在情理之中。哪裡跌倒，就從哪裡爬起來。不論前面有多少困難，踏着堅實的大地繼續前行！」

就像剛才向池田先生介紹的那樣，我想起張大千先生離開敦煌時留下的話：「我回去了，你在這裡過無期徒刑吧！」因此，我下定決心，「是的，我將繼續戰鬥，直到最後。」

池田：我相信眾多的日本讀者一定都很感動！偉大的人在逆境中能發揮真實價值，散發光輝。這是我與世界第一流人物會面時得到的結論。

從那以後，您遇到了李承仙女士，是嗎？

常：對！一九四五年，國民黨政府下令解散國立敦煌藝術研究所。當時，我去重慶的教育部、文化部懇求繼續進行敦煌藝術研究所的研究工作。經過一年多的抗議及再三請求，最後，中央研究院答應了我的請求。自此之後，研究所併入中央研究院。

這件事落實後，我在四川重新召募研究人員。我們從中央研究院領到一輛卡車及各種器材。正在這時，國立藝術專科學校的一位畢業生來到我的駐地鳳凰山，讓我看了她自己畫的油畫人物、靜物和花草。她說她想去敦煌。

我讓她在筆記本上寫下她的名字，她留下「李承仙」三個字。我問她：「你是油畫專業，為何去敦煌？」她回答道：「我父親叫李宏惠，辛亥革命時是孫中山創建的『同盟會』的第六位幹部，是一位反清革命家。二叔叫李瑞清，曾教過張大千先生。當時父親對我說：作為一名中國畫家，首先應該去敦煌，研究中國的民族遺產，研究敦煌，然後創立自己的風格。於是，我下決心去敦煌。」

我問她：「敦煌是遠離人煙之地，古代只有軍隊和流放的犯人才去那裡，而且生活非常艱苦，你能受得住嗎？」

她說：「我已決心獻身於藝術，因困苦而退卻於理不通。」

池田：原來如此！

常：可是，那年她父親病了，她沒能前去敦煌。第二年，她成為四川省立藝術專科學校的助教。她說一年後去敦煌。當時，我的好友沈福文、學生畢晉吉把我的經歷告訴了她。之後，沈君與畢君二人一直觀察她的行止，被她去敦煌的意志所打動。他們想不到她竟會與我一樣，成為「敦煌痴人」，於是替我談到我們結婚的事。

一九四七年九月，李承仙從成都赴蘭州，我從敦煌去蘭州。在那裡結婚後，我們一起回到了敦煌，並一道致力於敦煌藝術的研究直到現在。

池田：我想請教，先生對於子女的教育秉持什麼樣的信念呢？

常：在孩子們年幼時我就教給他們，應該成為一個正直誠實的人。我希望他們努力學習，有上進心。不過，這個上進心並非為了名利，而是作為一個有知識的人，應該忠實於自己的良心，為祖國做出貢獻。

在教孩子們畫畫時，我嚴格要求他們，希望他們練好藝術的基本功。我對他們說：「人生絕不會一帆風順。人的前途只有在戰鬥中才能寬闊。必須知難而上，勇敢前進，不能半途而廢。為了實現自己的目標，完成自己的事業，必須付出努力和艱苦的代價。」

池田：那麼接着，常先生您最快樂、最喜悦的事情是什麼呢？

常：最快樂的一天是一九五一年四月，一個星期天的下午，周恩來總理到北京午門樓舉辦的敦煌文物展覽會參觀。我向總理匯報了敦煌藝術及有關展覽會展出的文物事項。周總理在參觀的兩個小時中諄諄教導、激勵我們繼續進行敦煌的研究工作。

另一件最喜悦的事情是，通過加固敦煌石窟工程，在非常結實的混凝土走廊上安裝了電燈。從此，我們可以安心地在走廊上走進走出了。正是因為這項工程，敦煌在「文化大革命」中沒有受到破壞，能夠完好地保存下來。如果沒有這項工程，真不敢想像現在的敦煌會是什麼樣子！

池田：聽説莫高窟裝上電燈，是您去敦煌十一年後的事吧。

常：一九五四年十月二十五日，莫高窟第一次閃出電燈的光芒，是我們自己發的電。我前去看望在洞窟中摹寫的同志們。在那裡遇到了李承仙，我問她的感想，她說：「雖然安上了電燈，可是我的眼前卻一片模糊。」我仔細一看，她的眼裡飽含着淚水。那是多年在黑暗洞窟中工作的人們感激喜悦的淚水。

我特地去了第十七窟的藏經洞。空空的洞窟中，牆壁上的供養侍女彷彿微笑着向我走來。我心裡對她們說：「你這歷史的見證人，看吧，我們安上電燈了！」

註釋：

① 于右任：一八七九—一九六四年，陝西涇陽人。中國國民黨元老，曾任國民政府監察院院長。擅長書法、詩詞，著有《右任文存》、《右任詩書》等。

② 戈壁灘：指戈壁沙漠。原本戈壁是蒙古語，指半階梯狀的地勢，意即不完全的沙漠。

③ 梁思成：一九〇一—一九七二年，廣東人，建築學家。著有《中國建築史》等。

④〈父母恩重經〉：一卷，說示為了回報父母深重的恩情，應該如何做。於唐代初期在中國著述。

⑤ 飛天：佛畫中所描繪在空中飛行的天人、天女。

⑥ 觀世音菩薩：法華經〈觀世音菩薩普門品第二十五〉說的菩薩。被視為是體現大慈悲心的菩薩，為救濟眾生展現三十三化身說法。

⑦ 蒙巴納斯：Montparnasse，位於巴黎塞納河畔以南，是歐洲頗具特色的文化．藝術中心。

⑧ 井上靖：一九〇七—一九九一年，日本作家。他的小說有不少以中國古代歷史為題材，如《敦

煌》、《孔子》等。長期致力於中日文化交流活動。

⑨ 徐悲鴻：一八九五—一九五三年，江蘇宜興人，現代畫家、美術教育家。少時刻苦學畫。曾留學法國。擅長油畫、中國畫、尤精素描，人物造型，注重寫實，傳達神情。以畫馬馳譽中外。他的畫融合中西技法，而自成一體。主要作品有〈九方皋〉、〈田橫五百士〉等。

⑩ 西湖：位於杭州市西端周圍十五公里的湖泊。以景色之美聞名遐邇。

⑪ 雷峰塔：建於西湖附近雷峰山山頂的七層巨塔。塔的夕照非常有名，「雷峰夕照」原為西湖十景之一，於一九二四年崩壞。

⑫ 一九一八年常書鴻小學畢業後考入浙江省立甲種工業學校（浙江大學前身）染織科學習，畢業後留校任助教，並擔任校紡織工廠技術員。在此期間，他曾利用暑假連續三年到上海美術專科學校暑期班學習，因學習刻苦，成績優良，深得校長劉海粟和其他教授的嘉許，被特准頒以上海美專畢業證書。

⑬ 柏格森：Henri Bergson，一八五九—一九四一年，法國哲學家。生命哲學和直覺主義的主要代表之一。創用「生命衝動」和「綿延」來解釋生命現象。代表作有《時間和自由意志》等。

第三章 人類光輝的遺產

臨摹與保護

池田：藝術，因為有懂得其至高無上的美學價值、努力保護它們的人，才能持續保存其生命。正因為有先生們的努力，才使得無名藝術家們傾注全部生命創造出來的敦煌藝術，免於被人們遺忘、荒廢、崩壞。今天，它才得以作為人類遺產，讓許多人觀看、享受。我堅信，先生們致力於文物壁畫保存工作的豐功偉業，一定會與「敦煌」的意義一樣「大放光彩」。

常：我們長期觀察敦煌莫高窟四百九十二個洞窟，調查結果顯示，洞窟的損壞全部是因為自然或人為因素所致。

我們稱壁畫剝落、色彩變黑為「壁畫病」。莫高窟的壁畫是在以泥、草塗過的牆壁上畫成的，因此，洞窟的牆壁從岩石上剝落下來，並不足為怪。

我來到敦煌後，首先採取措施防止這種壁畫病害，當然，困難是不可避免的。例如，在修復第一百九十四窟脱落的洞頂畫時，因為洞頂是倒漏斗狀，我們遇到了不少麻煩。我們搭了腳架一直到天井頂端為止。為了加固頂畫，用木板與毯子把畫壓住，不過，剝落面積非常大，工程還不到一半，木板和毯子掉下來，幸好腳架搭得很結實，才沒釀成生命事故……

從那以後，物質條件和作業環境逐漸好轉，工作能夠比較順利地進行了。在畫後的岩石上開洞，用鐵絲和釘子固定壁畫的修復部分。第一百三十窟壁畫大面積脱落，但修復工作沒有遇到什麼麻煩。加固後，我們參考其它部分的紋樣、光彩、線條，把脱落部分重新畫上。第一百三十窟壁畫大佛像的頭光（頭部後面的光）與背上的光也得以很好地修復。

這是一九六六年的事。站在洞內被修復的壁畫前，我心裡湧出難以言喻的喜悅。

這次作業是從一九六三年周恩來總理下令修復石窟到「文化大革命」為止所進行的最後一次修復。遺憾的是，「文化大革命」的十年動亂中，我向人們訴說修復與保護敦煌壁畫的重要性，卻被當作大罪狀，受到痛苦的折磨。

紅衛兵批判我是封建主義迷信的後繼者，我對敦煌的保護與研究是一項最大的陰謀，我用敦煌藝術——這種精神鴉片毒害人民。他們聲稱這比炮彈還危險，甚至說我是元兇。「文化大革命」中，我因這些捏造的罪名不得不每天向人民謝罪。

池田：偉大的人一定會遭遇巨大障礙。

常：一九六二年以來，針對壁畫的大面積脱落，我們採取用鉚釘和十字板加固的方法，完成了從第一百三十一窟到第一百三十六窟壁畫的後部加固工作，這項工程於一九六六年竣工。現在我們能夠進行的是壁畫表面加固作業，這樣可以避免遭受損壞。不過，要進行更為完善的修復作業，我們目前還沒有那樣的技術，這恐怕要靠後人來完成了。

池田：這真可說是橫跨幾世代人的大事業啊！不僅要謹慎地一一修復正在崩落的壁畫，還要將以前失去的壁畫臨摹起來留給後世。臨摹非常講求正確性與嚴密性，為了保護珍貴文化，這真是意義深遠的作業啊！

常：中國繪畫史上出現過許多著名的畫家。例如，您所知道的晉朝顧愷之①、隋朝的展子虔②、唐朝的閻立本③、吳道子④、李思訓⑤等人。可是，由於千百年來的自然和人為的破壞，現在已經無法再見到他們的真跡了。

我克服重重困難，終於到達敦煌，親眼看到那絕妙的壁畫時，我發誓要保護這些壁畫，研究它，使它廣為後人所知。自此以後，臨摹壁畫便成為我們首當其衝的工作。

透過臨摹，可以研究中國古代藝術的深層結構。壁畫的年代從北涼時代到元代，長達近千年，幾乎包含着一部中國美術史。另一方面，刻有壁畫的洞窟有面臨倒塌的危險。敦煌過去曾受到強烈地震的影響，洞窟裡有些地方已經塌落，同時，壁畫也發生了脱落、變形等問題。因此，我們想，如實地加以臨摹也是保存壁畫的一個手段。因此，我主張在臨摹時必須忠實於壁畫原來的精神。

池田：不僅要正確地畫下原作的外形，而且要忠實地重現原作內含的主題與氣質——這就是您在著作中所說的「臨摹」的精神吧！你們剛開始臨摹莫高窟壁畫時所用的畫具、顏料與紙筆是怎麼籌措來的呢？

常：一九四二年九月，在準備設立國立敦煌藝術研究所之前，我在重慶舉辦了個人繪畫展。賣畫所得的錢，一部分用於購買去敦煌的生活用品，一部分則買了需要量很大的紙、筆和顏料。

敦煌早期的臨摹是用這些原料進行的。後來，從重慶帶來的全部原料用完了，就使用過去畫工們留下的顏料和紙、筆。新中國成立後，總算才解決了材料不足的問題。

池田：壁畫的臨摹畫使沒有機會去敦煌的人們也有了接觸敦煌藝術精髓的機會。東京富士美術館舉辦「中國敦煌展」⑥時，展出了三十四件臨摹作品。透過這些作品，許多日本人了解到敦煌藝術的絢爛光彩。

與遙遠「敦煌世界」的邂逅——毫無疑問，是與自己文化淵源的邂逅。在佛教這塊共同的土壤上，於絲路上綻放花朵的作品，使看到它的人們深深體會到超越國界與民族差異的繫絆。對於具有專業知識的人來説，珍貴的文物及各個時代不同的技法表現、描線等，使他們獲益匪淺。

常：臨摹時，必須首先考慮時代特色。北魏時代的畫作擁有着色厚重的特點，而最為發達的唐代，在同一個洞窟中可以看到二種完全不同的畫派的作品。例如，第一百七十二窟中，同是「西方淨土」的題材，南邊的壁畫與北邊的壁畫在構思、色彩、線條及風格上迥然不同。

到五代時期，壁畫出現了獨特的西北地方特色，至宋代以後逐漸缺少變化，走上了形式主義道路。

池田：臨摹時，除了正確、客觀地臨摹原作之外，也要把隨着歲月流逝，導致變色、褪色及受到破壞的作品修復回到當時描繪的原來狀態，是吧？對我們而言，值得慶幸的是，終於能夠看到客觀地按照原作原尺寸大小、以原色彩臨摹而成的作品。我聽說，按照原作尺寸臨摹第二百八十五窟（西魏）壁畫時，是六個人花了二年才完成的。

常：在莫高窟碑文中最早出現的年代是秦建元二年（三六六年）。洞窟壁畫中出現的最早的年號是第二百八十五窟書寫的「大代大魏大統四年」、「大代大魏大統五年」，也就是公元五三八年、五三九年。第二百八十五窟中的壁畫幾乎全部保存了下來。一九二五年，美國的華爾納⑦曾計劃將全部壁畫剝下帶走，還好最後失敗了。這裡的壁畫可以稱得上是佛教藝術傳入中國、吸收本土藝術而形成的代表作。

新中國成立以來，我們臨摹作業的條件大為改觀。國家提供優質紙張與顏料。在這些幫助下，我們用了二年多時間，按原尺寸、原色彩完成了這個洞窟全部壁畫的臨摹工作。

池田：壁畫上記載的「大代大魏大統四年」（五三八年），根據《上宮聖德法王帝說》一書，是百濟聖明王送給日本佛像和經書的那一年。此後不久，在日本，基於傳統思想欲將佛教排除在外的勢力，與希望接納新傳入佛教的勢力展開了對抗。

這個洞窟的壁畫是將中國的諸神與佛教題材一起畫進來的。出於中國神仙思想的神獸凌空飛翔，而手捧蓮花的飛天也翩翩起舞，在這裡出現了一個中國本土文化與印度傳來的佛教文化融合的世界，十分耐人尋味。

莫高窟壁畫

池田：我認為莫高窟壁畫的每件作品都是精彩的敦煌藝術結晶，對先生來說，也都是擁有深切回憶的作品吧。要評定優劣或許很困難，不過，您認為哪一幅作品是莫高窟壁畫中最優秀的作品呢？

常：我認為北魏時代第二百五十四窟中的〈薩陲王子本生圖〉⑧、〈捨身飼虎圖〉⑨最為精彩。隋代第四百二十窟中的〈法華經變〉⑩一幅也很傑出。唐代第二百二十窟南北壁畫上的〈西方淨土變〉與〈藥師如來〉也極為出色。

池田：北魏時代可以說是從印度傳來的佛教逐漸在中國扎根、開始發展壯大的時期。但是，當時中國固有的道教勢力很強，時有揚道廢佛之事發生。先生剛才所說那幅北魏時代的壁畫，我推想是在那樣的時代背景下，選擇以釋迦前世的菩薩修行作為題材而創作的吧！

到了隋唐時代，形成了強大的統一國家，「大一統」開始出現。作為外來宗教的印度佛教也開始走出原來的框架，發展成為適合中國民族性的佛教。

因此，這個時期有中國人開始追求大乘佛教宏大的世界與理念，尤其是追求《法華經》的宇宙觀和永恆性。我認為這原原本本地反映在了當時的壁畫上。

特別是唐代，以《法華經》為主軸，中國佛教達到了前所未有的鼎盛時期。但是，達到頂點之後中國佛教開始走向衰微。這種不安與恐懼，自唐朝後半期以降逐漸支配人心，因而追求西方淨土的「淨土教」，以及把自身委身於加持祈禱的「真言密教」等，「異端」

佛教逐漸流行。

剛才先生所説的壁畫，從中國佛教變遷歷史來看，可以説如實地反映出時代特色。請問，最大的壁畫在哪個洞窟？是哪一幅壁畫呢？您認為是花費多久時間才完成的呢？

常：最大的壁畫是第六十一窟的宋代壁畫〈五台山圖〉，高三點四二米，長十三點四五米。李承仙從一九四七年到一九四九年臨摹這幅壁畫。第六十一窟中有八米的通道，洞窟中特別暗。早上用鏡子反射陽光來進行臨摹作業，下午，陽光照不到臨摹的地方，她一手舉着燈，另一隻手畫畫。她用這種方法畫了兩年才完成這幅壁畫的臨摹工作。

因為那幅壁畫離地二米多高，作業時必須搭棚子或台子。無論夏天還是冬天，她都是在上下棚中作業的，而且還得一隻手舉着燈。因為壁畫的面積特別大，作業更增加了難度。這幅〈五台山圖〉在宋朝時，如果由一個畫工來完成，我想大約需要十年功夫。

池田：就是這樣，才能完成留傳後世的工作吧！

常：池田先生感到最親切、最喜歡的是哪幅壁畫呢？

池田：從感受特別親切這點來說，我想還是〈法華經變〉（用畫表現經文中的故事）。「中國敦煌展」中展出取材自〈譬喻品〉、〈化城喻品〉、〈觀音菩薩普門品〉經文的臨摹畫，我都興致勃勃地觀看了。

看到以繪畫表現〈譬喻品〉的三車火宅譬⑪、〈化城喻品〉的化城寶處譬⑫等，實際感受到《法華經》就活在民眾的心中、脈動在畫工們的生命裡。

我了解的畫雖然不多，就「中國敦煌展」中看到的繪畫來說，我最喜歡第二十三窟〈雨中耕作圖〉（盛唐）。這幅畫是根據《法華經》〈藥草喻品〉經文所畫的，生動地表現出當時民眾的生活情景。

天空中烏雲低垂，細雨開始飄落。有人挑着扁擔，匆匆走在田埂上；田裡的農夫趕着牛耕田；一對農民夫婦和孩子們一起吃飯；畫的下方有一位農婦在跳舞，六個人吹奏笛子和其他樂器，而旁邊有孩子們在玩沙子。

畫的上方主要是描寫辛苦耕作的畫面，下方是收穫後的喜悅，仔細觀看可以感受到民眾與大地共生的堅強生命力、生活悲喜，令人回味無窮。從表現技術、色彩感覺上，可以說是相當素樸的作品，不過我很喜歡這幅畫。

在佛法上，雨經常作為佛的慈悲象徵。雨從天而降，平等地滋潤大地萬物，用這樣的譬喻來表達佛闡說法理（教導）、平等地救濟一切眾生的慈悲心，非常貼切。

在強調佛慈悲心的大乘佛教，尤其是《法華經》中有關雨的敘述與譬喻非常多。例如《妙法蓮華經》〈序品〉中有一節經文：「今佛世尊，欲說大法。雨大法雨，吹大法螺，擊大法鼓，演大法義。」（現在佛陀、世尊，將要說示大法，降下大法雨，吹起大法螺，擊響大法鼓，演說大法的教義。）還有：「佛當雨法雨，充足求道者」。（佛陀將說出大法，以滿足求道的人。）還有，成為〈雨中耕作圖〉題材的〈藥草喻品〉「三草二木譬」，雨本身就是主題。

這個譬喻中，藥草有大、中、小三種草，樹木有大、小兩種樹木，雖各有不同，但受上天降雨的滋潤，全都成長、開花結果。與此相同，即使人的素質與能力有差別，國家和民族不同，但是佛的慈悲平等地傾注給任何眾生。這是闡述絕對平等的佛陀慈悲，闡述了深遠的法理。

常：我喜歡的壁畫是莫高窟第二百五十四窟的〈薩埵王子本生圖〉。薩埵王子可憐飢餓的老虎，將自己刺出血來，以身體餵養老虎。老虎吃掉了王子，二個兄弟看到王子的殘骸而放聲大哭，國王、王妃也悲傷地流了淚。他們為王子建了一座塔來埋葬屍骨。整個故事在一塊四方形的畫面上完整地表現了出來。衣服的線條、皺紋落筆有力、流暢。色彩以暗茶色為基調，用青、綠、灰、白等顏色烘托出一種莊嚴沉寂的氣氛。看到這幅畫，不禁令人想起畫史上所記載的大畫家顧愷之先生的逸事。

顧先生曾對一個寺廟說他要捐十萬塊錢，可是他很窮，寺廟住持嘲笑他拿不出那麼多錢。於是，他關上廟門，用一個月的時間，在那座廟的牆壁上畫出了維摩詰⑬畫。完成那天，他打開廟門，那是一幅精妙絕倫的偉大作品！人們為那幅畫所傾倒，競相捐獻錢財。

不出幾天便募集了十萬塊錢。從這則逸聞我們可以了解到北朝繪畫技術之高超！

池田：在莫高窟的壁畫中，有許多描繪這類本生圖、佛教故事的畫作。這幅〈薩埵王子本生圖〉的構思和佈局非常富有戲劇性，那莊嚴的氛圍令我印象深刻。

釋迦在過去世透過各種方式捨棄自己的生命去拯救人類與動物，這類故事作為「本生譚」（釋迦前世的故事）流傳至今。薩埵王子的故事便是其中之一。

佛教透過簡單的故事向人們宣揚佛教的重要思想與理念。其中，薩埵王子的故事是我們非常熟悉的故事。

「本生譚」形成的重要原因有其思想背景：釋迦之所以成為偉大的佛陀，是因為他過去的無數生涯裡，無止盡地追求菩薩行，從而達到佛陀的悟達。

因此，「本生譚」之主要目的在於讚揚釋尊的偉大。至於他是否真的將自己的肉體餵給老虎或其他動物吃等等，這些都不是關鍵之所在。

從這些故事裡我們可以看到，佛教的慈悲不局限於對人類的愛，也包含對一切生物的愛，擁有「生命共同體」的博大與寬容性。

常：我明白了。除此之外，還有哪些畫給先生留下了印象？

池田：還有北魏時期第二百六十三窟的〈供養菩薩〉，描繪的是釋迦初次在鹿野苑説法的部分場面，表現得悠然自得。還有，在「中國敦煌展」展出的西魏時代（五三五—五五六年）第二百八十五窟的〈伎樂飛天〉⑭及隋代第四百二十七窟的〈飛天〉。在《法華經》〈如來壽量品〉中有：「諸天擊天鼓，常作眾伎樂，雨曼陀羅華」（許多天眾敲着天鼓，經常表演各種歌舞，又降下曼陀羅花）描繪出一邊演奏各種樂器、一邊飛翔的伎樂天和散花飛天的景象。

這些畫面真是精彩！西魏〈伎樂飛天〉中連續畫出十二種不同姿態的飛天，衣服飄動富含動感。隋朝第四百二十七窟的〈飛天〉也輕快地躍動着。西洋畫中的天使身體後面有大翅膀，而這些壁畫中，飛天們穿着天衣自由自在地飛翔。由此可以觀察到印度佛教傳進中國後，與神仙傳説相融合的過程中，畫家們顯示了卓越的想像力，令人印象深刻。

初唐第二百二十窟〈維摩經變相〉，表現力既豐富又縝密。堂堂帝王風貌，隨侍大臣們的表情個個充滿個性，充分展現出絢爛多彩的氛圍。維摩詰的臉與文殊菩薩的表情，非常完美地呈現出維摩經的內容。

「藏經洞」（第十七窟）北面的壁畫是看着幾萬卷敦煌文獻如何被藏進這個洞窟，又是如何被搬走的歷史見證人。這件事依舊引人關注，這姑且另當別論，而以確切的表現力描繪出菩提樹、侍女、比丘尼，可算是敦煌壁畫中的「白眉」（最優秀者）。

常：從第十七窟〈侍女．比丘尼像〉，我們可以看到當時典型的侍女和比丘尼的姿態。畫中她們充分反映出當時中國女性文雅安詳與溫柔順從的性格。因此，我覺得她們好像歷盡世態炎涼、忍受千辛萬苦，以近乎冷漠的目光靜靜地注視着世上的一切。

池田：第一百五十六窟（晚唐）中，與南壁的〈張議潮出行圖〉相對而視，北壁有一幅〈宋國夫人出行圖〉。在騎馬女官與儀仗隊的先導下，宋國夫人騎着馬靜靜前進的姿態令人印象深刻。

常：在敦煌壁畫中確實可以看到女性騎馬的姿態。小說中也出現過不少女英雄在沙場征戰、殺敵致勝的故事，而且這些故事廣泛地流傳了下來。如穆桂英、花木蘭等傳說最具有代表性。中國稱她們為「巾幗英雄」（巾幗是女性的頭巾，也是女性的象徵，此處指女性英雄）。

池田：說到騎馬的女性，讓我想起了《水滸傳》中活躍的女傑——一丈青扈三娘的英姿。在與梁山泊軍隊對抗時，她作為扈家莊女將領去支援祝家莊而一躍登場。她手持日月雙劍與梁山泊的好漢奮力厮殺。不過，最終她還是不敵被人稱為小張飛的蛇矛槍名將林沖，被俘之後便加入了梁山泊軍隊，做了騎兵隊長。

扈三娘本身或許是虛構的人物，但從梁山泊一百零八將中，有描寫以她為首的幾名女將這件事來看，可以想見在北宋末期受到他國壓迫的混亂時代裡，女性也與男性為伍加入戰鬥行列。

常先生剛才介紹花木蘭，〈木蘭詩〉在日本廣為人知。木蘭是個孝順的女兒，她守着年邁的父母，靠織布維持家計。有一天，她家裡收到了守衛國境的徵兵令。但是家中沒有年輕男孩，如果讓年邁的老父親去嚴酷的戰場，無疑就是送死。

因此，木蘭決心女扮男裝，代父從軍。十年後，木蘭立功回鄉。她一溜煙地回到父母日夜盼望她的家裡，脫下佈滿征塵的軍袍，恢復了往日的姑娘打扮。這時，一起歸來的戰友們才發現木蘭原來是一位女性，不禁啞然驚異。〈木蘭詩〉是五、六世紀北魏時代所作，曾被搬上京劇舞台，或拍成電影。這或許是因為木蘭朝氣蓬勃的生活姿態，廣泛、長期地深受人們愛戴之故。除此之外，唐朝開國皇帝李淵（高祖），他的女兒平陽公主，接到父親對隋國起兵的消息後揭竿而起。她捨棄安穩生活，賣掉家財，招募七萬軍隊參加戰役。她的部隊在關中威風凜凜，被稱為「娘子軍」。我參訪萬里長城時，曾經在娘子軍駐紮過的娘子關緬懷。即使是現在，扎根於現實生活的婦人，堅強面對危急關頭的情況還是比較多。（笑）

第六十一窟的壁畫，描繪有多達四十九位曹氏家族的女性供養者、三位比丘尼，及嫁給于闐⑮國王的曹議金女兒畫像。

常：五代時期，中原陷入戰亂狀態。敦煌的曹氏三代，為求安定，作為統治政策的一環，積極進行東西之間的通婚。因此，當時女性發揮了非常重要的作用。

當時執行的這種政策，是為了維持曹氏家族的統治。曹議金之女嫁給于闐國的國王，成了皇后，于闐國王又把自己的女兒嫁給曹議金的兒子。透過這種婚姻關係，鞏固了曹氏家族的統治。

池田：第九十八窟中的（五代）壁畫，生動地描繪了王妃——曹議金女兒生活的富足。頭戴鳳冠，胸佩寶玉飾物、手持香爐，洋溢着王妃的典雅風範，使人聯想到昔日西域的繁榮。她（出嫁）的國家以盛產玉石聞名，她胸前的玉佩大概就是國產玉石吧！

這幅壁畫讓我們感受到，她遠嫁絲路上最早開發、繁榮的西域南道最大綠洲國家，在那個時代，佛教已經廣泛地深入人心，受到人們愛戴，與生活密切結合。

敦煌的裝飾圖案可以看到蓮華紋、團華紋、雲氣紋、格子紋、卷草紋等獨特紋樣。

常：中國自古就很重視裝飾構思與佈局，它的發展從未衰退過。敦煌藝術的中心是宗教信仰，它的裝飾構思在宗教傳進的同時，也廣泛吸收了當時中原與國外傳來的圖案。例如忍冬紋、葡萄紋、連珠紋、寶相紋、蓮花紋、雲氣紋等。敦煌壁畫中出現的圖案內容十分豐富，包羅了當時中原地區、西域和國外傳來的各種畫派風格。

池田：有很多是受到西域的影響吧？

常：敦煌莫高窟壁畫中確實有大量的忍冬紋、連珠紋、葡萄紋等圖案，其中有些是從西域傳來的，有些是畫工們師徒相傳留下來的。在最早的洞窟中，我們已經發現了忍冬紋圖案。連珠紋是從隋朝開始出現的。各個洞窟中發現最多的是蓮花紋圖案。

池田：除了植物花紋外，也可以看到動物紋樣嗎？

常：莫高窟附近的佛爺廟曾出土了畫像磚，這些都是莫高窟建窟以前的作品。其中有虎的紋樣。這時虎的紋樣與漢代墓碑上虎的特徵完全一樣。

早期的動物紋樣比較抽象，有些浪漫。後來動物圖案逐漸接近原物，神態典雅，生動逼真。我覺得它們已經趨於圖樣化、典型化了。

池田：接着想聊聊剛才我們談到的飛天畫。

常：壁畫中千佛最多，排在第二位的便是飛天了。飛天在梵語⑯被稱為「乾闥婆」，是佛教諸神之一。五世紀時鳩摩羅什⑰把《法華經》譯成中文，在〈譬喻品〉中如此描述「飛天」：

「爾時四部眾比丘、比丘尼、優婆塞、優婆夷，天、龍、夜叉、乾闥婆、阿修羅、迦樓羅、緊那羅、摩睺羅伽等大眾，見舍利弗於佛前受阿耨多羅三藐三菩提記，心大歡喜，踊躍無量，各各脱身所着上衣，以供養佛。釋提桓因、梵天王等，與無數天子，亦以天妙衣、天曼陀羅華、摩訶曼陀羅華等，供養於佛。所散天衣，住虛空中，而自迴轉。諸天伎樂百千萬種，於虛空中，一時俱作，雨眾天華，而作是言……」（那時四部的大眾、比丘、比丘尼、在家男子、在家女子，天、龍、夜叉、乾闥婆、阿修羅、迦樓羅、緊那羅、摩睺羅伽等的大眾，看見舍利弗在佛陀面前接受無上正覺的記別，內心大為歡喜，雀躍不已，紛紛脱下自己身上所穿的上衣，以此供養佛陀。釋提桓因、梵天王等，與不可計數的天子，也以天上的妙衣、天上的曼陀羅花、大曼陀羅花等，供養佛陀。所散的天衣，飄浮在空中，自然旋轉。又有許多天上的歌曲與音樂，百千萬種，於天空中，一時齊聲演奏，天上的花朵也紛紛飄落，於是他們這樣説道……）

池田：「乾闥婆」是守護佛法八部眾之一。同樣在《法華經》〈法師品〉中寫道：「我時廣遣天、龍、鬼神、乾闥婆、阿修羅等，聽其説法。」（我那時就大量派遣天、龍、鬼神、乾闥婆、阿修羅們，去聽他説法。）乾闥婆是天界的樂神，不食酒肉，只吃香，據説與緊那羅一起在帝釋天前面演奏音樂。

這些神，在敦煌，藉由畫家的想像力，變為無數飛天被描繪出來。剛才先生提到〈譬喻品〉中「所散天衣，住虛空中，而自迴轉。諸天伎樂百千萬種，於虛空中，一時俱作，雨眾天華，而作是言。」一文，與敦煌無數的飛天形象疊合在一起。

常：在敦煌壁畫中，音樂與大鼓同時演奏，散花開始，在佛説法最嚴肅的時刻，飛天們用所有的姿態隨意飛翔在空中，這些場面隨處可見。洞窟頂部，說法圖上方，樓閣門上、窗上、柱子上以及佛說法時背後的光圈上，到處都有她們的身影。她們的美麗為這些地方做了裝飾。真可謂是「天衣飛揚，滿壁風動」的世界（飛天的衣服翻動，在洞窟中掀起風浪）。

李承仙調查了敦煌的四百九十二個洞窟，其中有二百七十多個洞窟中繪有飛天的形象。其中，第二百九十窟中竟有一百五十四個飛天在飛舞。最大的飛天在第一百三十窟，如果加上衣服的話，它的身長是二點五米。但最小的飛天卻連五釐米都不到。

池田：因時代不同，他們有時被畫成男性，有時被畫成女性，表情與姿態也各有不同。

常：西魏時代第二百八十五窟壁畫中的飛天眉清目秀，穿的衣服有長長的袖子，拖着長長的帶子，男性裸體飛天也畫在上面。

隋代的飛天柔和飄逸，呈現出非常美麗的姿態。到了唐代，飛天變得豐滿圓潤，宛如歷史書和文學作品中描寫的楊貴妃⑱一樣，是典型唐代美人的姿態。

池田：第一百三十窟（盛唐）有一幅〈都督夫人太原王氏禮佛圖〉，畫着都督夫人、女兒與九名侍女。這幾位女性都是「曲眉豐頰」的豐滿體態，具備楊貴妃的特徵。在這種審美觀下，把在天上輕盈飛舞的飛天畫成豐滿姿態。由此可知，因時代不同，對美的看法也不同。

常：莫高窟壁畫因時代差異而風格也各異，這是不同時代造就了不同歷史感覺、藝術風格與美感所致。

池田：對我來說，莫高窟的飛天除了畫家們想像的各種姿態、形態自由伸展的世界之外，還有一種印象浮現在我的面前，那就是井上靖先生《敦煌詩篇》中描繪的飛天形象。

井上先生將一位在莫高窟疏林裡生活了三十多年、敦煌文物研究所的人告訴他的話，寫在書中：「大約二十年前，我一度夢見過飛天。那是深夜，幾百個天女翻動着衣袖朝天的一角飛去。一直到最後一位天女消失為止，我聽到從遙遠處傳來輕輕的風鐸聲和駱駝鈴聲。」

廣闊沙漠中，夜色深沉，幾百個天女飛翔而去，這是何等莊嚴、宏大的景象啊！靜寂中微微傳來風鐸聲與駱駝鈴聲，詩一樣的感覺在我心中擴散開來。

法華經的傳來

常：池田先生在「中國敦煌展」中對哪件展品最有興趣呢？有什麼感想呢？

池田：從展出的一百二十七件作品中要選出一件最喜歡的，實在很困難。有位學者說，展出的作品全都是絲路的瑰寶，好像是進了寶山一樣，真是目不暇給。（笑）

對我來說，能看到三十多部《法華經》寫本展示出來，真是衷心感謝。特別是北朝時期的《法華經》，聽說是羅什三藏漢譯後不久的寫本。

還有就是，一件本西夏⑲文的圖解《法華經》。西夏的主要民族是藏系的党項族⑳，西夏文字據說是在十一世紀創造出來的。一個民族創立自己的文字是一件非常了不起的事。他們甚至將《法華經》翻譯成西夏文閱讀、信奉。《法華經》有三個漢譯本，而這個西夏文的《法華經》是根據鳩摩羅什翻譯的《妙法蓮華經》譯成的。由此可知《妙法蓮華經》超越了民族的界限廣為人們信奉。

常：在莫高窟有許多元代時期建造的土塔。土塔的骨骼是中間的柱子。柱子下面的台基經常埋着許多東西。因此，有的受到土匪和軍隊破壞，有的則已經完全倒塌、崩毀了。一九五九年竇占彪在修復塔基時，發現了一個像土塊樣的包袱。最初以為它是一個土塊，但手一摸才知道是一件包袱。打開一看，印着花紋的布中，包有這本西夏文字的木刻圖解《法華經》。這是藏經洞內幾萬經文當中都沒有的。是一件非常重要的發現。

池田：一九六一年我初次訪問印度，那是就任會長後的第二年。在那次旅程中，我也去了釋迦成道之地佛陀伽耶㉑。中國是優秀歷史與文化的寶庫；印度也可說是精神和哲學的寶庫。

佛教從印度發祥地千里迢迢地通過天山，越過沙漠傳到中國，然後更越過海洋又傳到日本。絲路雖是一條連接長安與羅馬的貿易之路，同時也是一條橫跨歐亞大陸，通向日本的壯大佛教之路、文化之路。這條道路我們應該稱其為「精神絲路」！它在印度、中國、日本等亞洲各國的各個時代，化為精神文化的豐饒土壤，是一條連接深切心靈繫絆的佛教傳來之道。先生曾經為了舉辦「敦煌藝術展」去了印度吧！

常：一九五一年我到過印度。

池田：在佛教發祥地印度舉辦的展覽，反響如何呢？

常：當時成為轟動一時的重要事件。尼赫魯總理㉒與他的女兒英迪拉·甘地㉓一起前來參觀。並且有大批僧侶前來參觀。僧侶們對那些臨摹畫與塑像非常尊敬，他們心中懷有深沉的虔誠信仰。

池田：訪問印度十三年後，我第一次訪問貴國。那時，我到了西安，想到昔日在這長安都城，進行《法華經》的漢譯，令我感慨特別深。鳩摩羅什是西域龜茲國㉔人，從小學習佛法，後來被後秦王姚興㉕迎接到長安。那是公元四〇一年的事。他在姚興的保護下翻譯眾多經典，其中尤其像《妙法蓮華經》那如珠玉般的名譯，成為人類的偉大精神遺產。

常：以先生之見，《法華經》與其他經典主要有什麼不同之處？

池田：這真是一個很敏銳、很重要的問題。關於《法華經》，有必要明確區分「文上」與「文底」，現在討論敦煌藝術的情況，就讓我省略這部分，僅僅就「文上」的《法華經》來回答。

《法華經》與其他經典比較，根本不同之處在於它是原原本本地說示釋尊在菩提樹下悟達「宇宙與生命根源之法」的最高經典。

釋尊自己得悟後，考慮到自己所悟得之法（真理）實在是太廣、太深遠，擔心大部分的眾生無法理解，曾一度想放棄向眾生講說此一悟達。但是，如佛經所說有名的梵天勸請，他才改變心意，開始在印度展開長達四十餘年的說法之旅。畢竟那是曾經令他想放棄說法的難解之法，所以不能一開始就原原本本地對眾生講說，而是以「對機說法」方式，依據人們的理解能力（機），對應每個人不同的能力、苦惱，以因材施教的方式講說佛法，救濟眾生。

持續這樣說法的釋尊，到了最後的晚年，作為一生救濟眾生的總結，更為了在自己圓寂後能為人們留下遺產，他原原本本地說出他在菩提樹下悟得之法，明確說出他自己從以前以來就想闡明的「真理」。這就是《法華經》這部經典。

相對於此，《法華經》以外的其他經典，都是釋尊針對個人的理解能力，因應其能力與苦惱所說的教義，所以，從《法華經》的「真實」來看，這些都只不過是「方便」的教法，是由高低深淺、種類雜多的教法所構成。例如，有的經典教說聲聞與緣覺不能成佛，或訓誡女人與惡人不能成佛，但也有鼓勵他們要成為菩薩的。

而《法華經》與其他經典相比，在成立背景與內容上，都有決定性的不同。稍加整理來說，第一，《法華經》是將釋尊悟得之「法」以全體像原原本本地加以闡明，而其他經典只不過是從片段的側面看到悟得之法。第二，《法華經》闡明宇宙與生命根源之法。闡明宇宙一切萬物都是基於此根源之法而存在。由此可知，《法華經》闡明一切萬物都是絕對平等。相對於其他經典所主張的女人、惡人、聲聞、緣覺等不能成佛，是有差別的，因《法華經》闡明所有人都能成佛。

註釋：

① 顧愷之：約三四五—四〇六年，東晉畫家。多才多藝，工詩賦、書畫，尤精繪畫，有「才絕、畫絕、痴絕」之稱。多作人物肖像及神仙、佛像、禽獸、山水等。主要作品有〈維摩詰像〉壁畫、〈女史箴〉圖等。

② 展子虔：生卒年待考，隋畫家，擅長畫人物、車馬。曾在洛陽、長安、江都等地寺院繪佛教壁畫。主要作品有〈游春圖〉等。

③ 閻立本：?—六七三年，唐畫家。工書法，擅畫人物、車馬、台閣。主要作品有〈步輦圖〉、〈歷代帝王圖〉等。

④ 吳道子：?—七九二年，唐畫家。擅畫佛道人物，也畫山水風景。曾在長安、洛陽寺觀作佛道宗教壁畫三百餘間，情狀各不相同。對後世宗教人物畫和雕塑有很大影響。

⑤ 李思訓：六五一—七一六年，唐畫家。擅畫山水樹石。他的畫風，為後代畫金碧青綠山水者所效法。存世有〈江帆樓閣圖〉等

⑥「中國敦煌展」：東京富士美術館、「中國敦煌展」執行委員會主辦，一九八五年秋在該美術館舉辦，接着在福岡、長野、奈良、靜岡舉辦，介紹絲路上的珍貴文化遺產。

⑦ 華爾納：美國人。一九二四—一九二五年間在敦煌盜去和破壞了大量的珍貴文物。

⑧ 薩埵王子本生：薩埵王子是釋尊過去世修實踐菩薩行時的名字。本生是本生譚之意，指述說釋尊前世的種種修為。

⑨ 捨身飼虎圖：薩埵王子與兩位哥哥在竹林玩耍時，看到一隻生下七隻小老虎後、飢餓不堪的老虎，薩埵王子覺得牠很可憐，就捨身餵他，此壁畫就是描繪這個故事。

⑩ 法華經變：經變是將經文所說的內容、故事，用畫來表現的方式。

⑪ 三車火宅譬：孩子們沒有發現家裡發生火災，為了救出孩子們，身為父親的長者用羊車、鹿車、牛車的三車將孩子們吸引出來，等孩子們平安逃出來之後，長者給予孩子們勝過前面三車的大白牛車。這是將羊車、鹿車、牛車的三車比喻為聲聞、緣覺、菩薩的三乘，大白牛車比喻為一佛乘，長者比喻為佛，孩子們是一切眾生，火宅則是充滿苦惱的娑婆世界。

⑫ 化城寶處譬：一位導師領導人們朝向寶處出發，道路艱險，又很遙遠，人們很疲憊，甚至有人想折返回家。導師變出一座化城，先讓人們休息，恢復精神之後，再繼續向前，最後終於到達寶

處。寶處比喻為法華經，化城比喻是爾前權教。

⑬ 維摩詰：是在《維摩經》登場的中心人物。根據該經，維摩詰供養無量諸佛，通達大乘佛教深義，對佛法流布做出貢獻。據說辯才無礙，善於使用方便教化眾生。

⑭ 伎樂飛天：描寫一邊演奏各種樂器，於空中飛行的姿態。

⑮ 于闐：古代西域國之一，在今新疆和田一帶。盛產美玉。

⑯ 梵語：古印度使用的標準語言。

⑰ 鳩摩羅什：Kumārajīva，三四四—四一三年，後秦高僧，原籍天竺，生於西域龜茲國（今新疆庫車）。翻譯了大量的佛教經典，著名的有《妙法蓮華經》、《摩訶般若波羅密經》等，對後世佛教的發展影響甚大。

⑱ 楊貴妃：唐玄宗的王妃。受到皇帝寵愛，一族獲賜高位。但是，於七五五年安祿山叛亂之際，被賜吊死。白居易的〈長恨歌〉就是吟唱這則故事。

⑲ 西夏：一〇三八—一二二七年，李元昊在中國西北部建立的國家。宋代時以大夏為國名非常繁榮。保護佛教，發展出獨自的文化。

⑳ 党項：古代少數民族。北宋時期建立了以党項羌為主體的西夏政權。

㉑ 佛陀伽耶：Buddha Gaya，位於印度比哈爾邦加耶城南。相傳是釋迦牟尼在菩提樹下成道之處。為印度四大佛教聖跡之一。

㉒ 尼赫魯總理：Jawaharlal Nehru，一八八九—一九六四年。在甘地指導下，為印度獨立運動奮戰，獨立後，擔任總理，直至去世為止。

㉓ 英迪拉．甘地：Indira Priyadarshini Gandhi，一九一七—一九八四年，尼赫魯總理的獨生女。十二歲開始參加獨立運動，曾任印度第四、五和第七屆總理。一九八四年十月遇刺身亡。

㉔ 龜茲國：古代西域城國之一。在今中國新疆庫車一帶。

㉕ 姚興：三六六—四一六年，後秦國王。他在位期間提倡儒學和佛教，曾邀請西域高僧鳩摩羅什翻譯佛經。

第四章　美與創造的世界

敦煌藝術的特色

常：池田先生，請問您對敦煌佛教藝術的特色，有什麼看法？

池田：我的看法或許不太全面，如果從印度佛教藝術變遷來研究敦煌佛教藝術的話，應該很耐人尋味。如您所知，印度在釋尊滅後很長一段時間裡，並沒有創造出釋尊的具體塑像，而是代之以菩提樹、散花台座等作為釋尊的象徵。這樣做的理由有各種各樣，我想其中之一可能是起因於釋尊教導的初期佛教思想。初期佛教很重要的思想之一是「諸行無常」。「諸行無常」是指，人的存在及宇宙、自然界的種種事物，每時每刻都在變化，即處於「無常」的狀態之中。

從這個思想來看，推測佛教徒在釋尊入滅後不久，即使釋尊是他們非常敬愛的老師，不，甚至可以説因為愈敬愛老師，就愈想忠於老師的教誨，而沒有以具體雕刻或者繪畫等方式來表現釋尊的形象。雖然説是釋尊，但僅就其形象而言，是「諸行無常」的存在，是瞬息萬變不會靜止的，所以問題是要表現哪一個瞬間的釋尊才好呢。而且，用一個不會變化的形象來表現釋尊的話，恐怕會有給人固定化形象的危險。

常：對，最初的確是這樣的。

池田：但是，隨着時代發展，這種想法產生了很大的變化。因為釋尊去世經過幾百年後，直接看過釋尊或聆聽過他教誨聲音的弟子們相繼去世。如此一來，從人們心理的自然反應來説，對佛陀釋尊的思慕之情也愈來愈強烈；同時，也展開對於佛陀釋尊到底是以什麼方式存在的哲學性思索。在這種機緣之下，有人認為佛陀釋尊具有永恆性的一面及無常性的一面。確實，作為無常性一面的佛陀釋尊，肉體雖然滅失，然而，釋尊所悟達宇宙間森羅萬象的真理（法）卻是永恆存在的。於是，人們愈來愈思慕具永恆性一面的佛陀，並且產生了一種強烈的願望，那就是以某種形式將他表現出來，創造佛畫或佛像的願望愈加地高漲起來。

同時，到了大乘佛教時期，就像「大乘」（大型乘載物）之名，許多在家大眾皈依信仰佛教，為了教化眾生，更為了符合當時人們渴望的趨勢，想要喚起人們對「佛」的意識，就必須以具體形象來展現佛陀釋尊。在上述各種條件相互作用之下，終於出現創造釋尊塑像或繪畫的時代。

我們所信奉的大乘佛教之真髓的日蓮大聖人，其在大佛法中所示，信仰對象的本尊，並不在於其形象及影像結晶的佛像或佛畫，而在於其本源的文字上的「御本尊」。其理，簡言之，「御本尊」就是日蓮大聖人最高而極尊的表現。這一點跟以往佛教的本尊，有着根本性的區別。不過，在此是對談敦煌佛教美術的事，所以到此為止，把話題回到敦煌美術吧。

最先創造釋尊肖像的是犍陀羅（現巴基斯坦西北部白沙瓦地區的古名）貴霜王朝①時代的人們。他們在希臘化文化②影響下，真實地再現了釋尊的形象。佛像最初出現在印度次大陸的時間，大約是在公元一世紀末期或是二世紀初期。

繼犍陀羅創造佛像之後，印度秣菟羅③創造的佛像，漸漸出現在印度各地。在隨着佛教傳入西域、敦煌的過程中，佛像反映出各個區域的風土、民族性及文化背景等，表情、姿勢也產生了變化。

就敦煌來說，從北涼（三九七—四三九年）到元代（一二七一—一三六八年），經過長達千餘年的營造，在各類不同的文化背景下，各個壁畫也反映出不同的時代特色，這一點是非常寶貴的。縱向有千餘年的長遠歲月，橫向有印度、西藏、西域諸國及中原等廣闊空間，在漫長的時間及廣袤空間上，敦煌藝術在佛教藝術史上擁有非常高的文化價值。

敦煌藝術的表現對象，當然是以佛、菩薩、佛教經典的內容為主。這些作品，與捕捉自然風景及人性美的藝術作品相比，可以說是更直接地從對永恆存在的敬畏和祈求中所誕生的藝術。

常：敦煌的作品，是畫工們從自己心靈深處創造出來的。敦煌藝術是畫工們創意性的傑作。在壁畫當中，沒有完全相同的東西，即便是描寫同樣的經典內容的藝術作品，畫家們也根據自己的創造力及想像力，創作出了完全不同的作品。

池田：在敦煌藝術中，可以發現大部分作品是出於祈求脱離不幸現實、渴望安穩生活及安詳死亡的願望而創作的。所表現的世界，有很多是虛幻的，與現實生活相去甚遠的情形也不少。畫工們創造的佛、菩薩藝術，具有威嚴感，充滿慈愛、溫柔，而且都很大幅。有關淨土，他們極盡所能地發揮想像力，豪華、莊嚴和氣派地加以描繪。敦煌藝術從這種想像力產生出來，對畫工們而言，可以説是他們的理想或場景的具體表現。

與此同時，供養者們的形象也非常逼真、寫實地表現出來。作為研究那個時代的服飾及生活狀況的資料，是很有參考價值的。解釋經典內容的畫卷及描繪佛教故事的繪畫中，也反映出了當時人們的現實生活。這種想像與寫實、虛幻世界與現實生活的兩面表現手法，而且二者合而為一、充滿人情味的藝術，是敦煌藝術的一大特色。

常：拿第六十一窟的〈五台山圖〉來說，既畫有磨麵的人、登山的人，還畫有嬉戲的馬兒，隨處可以看到畫家的獨具匠心。敦煌的藝術作品保存到今天還顯得栩栩如生，是因為畫家們是用心、用靈魂創造出來的。從心靈深處產生的創造力，是真實、不虛假的。真正的藝術品，即使經歷千百年，仍能給人以強烈的感染力，其藝術性經久不衰。這些作品到今天仍有影響力，是因為這些作品有着很強的生命力。

歷史上，像宮廷藝術作品那樣豪華絢麗的作品並不少見，但是，這些作品幾乎不能給人多少感染力。在藝術品中，有絕對價值及相對價值之分。根據時代不同，從當時各種各樣的利害關係來看，或者根據宣傳效果來看，有許多作品曾被人們當作藝術珍品。然而，沒有真正價值的東西，隨着時間流逝，人們的關心也會隨之淡薄，而漸漸被人們遺忘。這只不過是一種相對價值。

但是另一方面，活着時默默無名的藝術家的作品，死後才被有識之士發現，經過百年、千年之後，被人們當作珍貴的藝術品，留傳後世。這些藝術作品可以說是具備絕對價值。我認為，從心靈深處產生的任何東西都有其價值；相反地，有時只看表面覺得非常漂亮的藝術品，仔細看一下，便會發現是贗品。

某一文學家這樣說過：「向大眾獻媚的作品並非好作品。」真正的好作品，應該看其內在的東西是有價值還是沒有價值。

池田：剛才，先生談到藝術作品有絕對價值及相對價值的問題。我認為，這是相通於人生及社會上所有層面的重要啟示。它不是外來的東西，也不是為了眼前的利害，而是追求永恆的人們從精神深處創造出來的工作。它不局限於藝術領域，這些工作在任何地方都一定會綻放不朽的黃金光輝。

同時，生活在二十世紀的常先生，發現古代敦煌佛教藝術的珍貴價值之後，就致力於復興敦煌藝術的工作，讓許多人得以邂逅這些充滿價值的精神表現，盡情享受美的饗宴。這些從精神深處創作出來的真正藝術，與發現其價值的人超越時空邂逅時，它的珍貴價值會更加大放異彩。這種「邂逅」，可能很幸運地發生在藝術家還活着的時候，也可能發生在藝術家過世幾個世紀之後。

從這種超越時空的精神共鳴中，我確實感受到藝術的「妙」與神秘。不論東西方，在藝術史上都能發現這種精神與精神的美好邂逅。敦煌佛教藝術與常先生的邂逅，正是如此美好的插曲。想請教常先生，您認為創造美之絕對價值的畫家們，是從哪裡獲得這種創意的源泉呢？

常：繪畫創作的原動力有兩種。一種是精神因素，從信仰出發，透過繪畫得到內心的滿足。相信佛教的人或許以為贖回罪惡便可成佛；另一種是物質因素，為了糊口，他們被僱來作畫。如果畫得好就能得到報酬。總而言之，敦煌藝術的創作源泉應該說是宗教。大多數畫家是信仰者，或者心存信仰。如果心中不相信佛教，絕對創作不出像敦煌壁畫這樣輝煌的作品。

池田：曾與我對談過的法國藝術家路奈·尤伊古說：「藝術與宗教都有使人超越自我

的作用，讓我們走上一條雖然能夠有所感覺，彷彿能夠預知，卻又是未知、且只要自己不想去發現，就不會顯現的『一種實在』道路。」（《黑暗追求黎明》）宗教與藝術在使人類朝向「一種實在」的道路、提升人的作用這點上，有共通之處。

當時對於尤伊古先生的這番話，我說：「真正的藝術和宗教在與人類心靈對話時，有一種共通性。在藝術中，可以發現它原本就是宗教情感的一種表現。」

敦煌的無名畫家們，在困頓的生活環境中，能夠留下這些絢爛的佛教藝術作品，正如先生所說，是因為每個畫家心中都脈動着強烈的宗教情感。敦煌的畫家們生來就具有藝術才華或造型天份，再加上他們對佛教的信仰，從生命中引發出創造力的源泉，從事創作活動。

回顧藝術歷史，許多藝術作品都是為了獻給統治者或者富人而作的。為王公貴族的榮耀創作雕刻及繪畫。另一方面，為教會及伽藍④服務的宗教藝術也曾經盛行。民眾生活在權威之下，翻開西洋繪畫史就會發現，很長一段時間裡，作品的主角都是神、國王和特權階層。

常：您講得很對。

池田：繪畫及雕刻的主題，絕大多數是基督教教典裡的故事。即使是世俗生活題材，也都是基於古代希臘神話、羅馬英雄故事及寓言而創作的。直到描寫十六世紀法蘭德斯地方⑤農民生活和風俗的布呂赫爾⑥；描寫十七世紀法國平民生活的勒南兄弟⑦出現之後，才漸漸看到以平民生活為題材的藝術作品。十七世紀，荷蘭的市民文化蓬勃發展，誕生了維梅爾⑧等人的作品。

近代市民革命爆發後，特權階層被取而代之，藝術向更多民眾開放。進入十九世紀，相繼出現一些畫家，像米勒⑨描繪農民生活的名畫〈拾穗者〉，杜米埃⑩描繪了生活在社會底層的貧苦農民的生活，現實主義畫家庫爾貝⑪的〈採石工人〉等。普魯東⑫把庫爾貝的〈採石工人〉稱為是「最早的社會主義繪畫」一事廣為人知。

隨着社會變革的深入，民眾地位不斷提高，以及這些先驅者工作帶來的影響，逐漸建構起以民眾作為藝術主角的時代。

從這種潮流，來考察敦煌藝術時，可以發現它一方面是獻給統治階級和富人的，另一方面，也反映出無名畫家自身的生活及憧憬，淋漓盡致地表現出民眾的生活。我很希望大家能注意到這些作品中的大眾性。

聽說，常先生邂逅敦煌莫高窟遺產時，被這些作品的大眾性所感動，自己的藝術觀也發生了很大變化。

常：我在學習繪畫時，有過「為藝術而藝術」的想法。那時，法國藝術界也沒有重視平民藝術的傳統。但是，到敦煌之後被平民藝術深深地感動了。我想到，藝術應該為大眾服務。而且我相信，敦煌藝術是平民為平民創作的藝術。從此之後，我感到藝術創造必須為民眾服務。因此，在作品中表現自己的思想和理想，奉獻給民眾，為民眾作出自己的貢獻，是一件非常重要的事情。

池田：您剛才的話有千鈞之重。正因為先生的話有確實的行動作為依據，所以更顯得尊貴。過去，法國的薩特⑬曾問：「對於百萬飢餓的孩童而言，文學到底有什麼意義？」（《世界報》，一九六四年四月）這是包括文學在內的藝術與民眾、藝術與現實人生之關係的尖銳提問。

文學與藝術，為社會與民眾，發揮什麼作用的這個提問，好像在主張：「藝術是為人生的」。

當然，還有另一種主張——「為藝術而藝術」（平井博《王爾德的生涯》，松柏社），以文學家王爾德⑭及波特萊爾⑮為代表，認為「藝術必須只是為藝術本身而創作的」。

這些令人費解的藝術理論姑且不說，但是，我們不能忘記藝術的精髓在於昇華民眾的心靈這一點。惟有回到「為了什麼」這個出發點，才能發揮更大的價值。從這個意義上來說，我對先生所說的：「藝術必須為民眾服務」深感共鳴。

我想請教先生，在您心中，結合民眾與藝術的中心點是什麼呢？

常：我熱愛民眾。民眾擁有創造力和克服重重困難的力量。對我來說，這個中心點就是通過藝術來表現對民眾及藝術發自內心的熾熱感情。

藝術的作用與評價

池田：接下來，想談談藝術作品價值難以評定的問題。今天被廣泛認定是傑出的藝術作品，在創作之初往往不被人們接受，有時甚至成為譏笑的對象。羅浮宮美術館收藏的作品有不少就是這樣的例子。

印象派畫家也大都如此，經常可以看到那些在美術史上從事先驅工作的人們，因懷才不遇而結束一生的情形。近代藝術史上，有許多生前默默無聞的人，卻留下了創造性工作的例子很多。裝點古代藝術史的工作，經常就是由那些連名字都沒有留下來的人親手創造完成的。敦煌的畫家們便是如此。

常：現在，大多數人看畫時首先是看「誰」畫的，而作品「給人的感動、給人的作用」

卻少有人問津。明白作者是「誰」之後，接下來看那人是不是名人。也就是說，把畫當成了商品。但是古代的藝術卻不是商品的藝術。古代的作品是為了給人以感動才創作的。

我認為判斷一件作品的關鍵在於它給人的感動是強還是弱，不能以是「誰」創作及那個畫家的名氣如何來加以判斷。當然，這當中有自己喜歡的畫家，也有自己不喜歡的。但絕不能以好惡為判斷基準，而是需要一種帶有普遍性的價值觀。

池田：不局限於繪畫，現今，人們逐漸忘卻「對人而言什麼才是真正重要的事」，令人遺憾。

無論我們周圍有多麼美好的事物，如果自己最重要的心之眼睛戴上鏡片模糊不清的眼鏡，就什麼都看不到了。亦即，自然界的花、草、樹木、動物，大自然界的景物，或者是人們的姿態、人類創造的事物，如何去感受它、把握它，都決定於一個人內心的投影。心靈真的是極其微妙，又是決定一切的不可思議的存在。

有時候，一直以來都認為是美麗的景色，在痛苦或極度悲傷時，卻感受不到它的美；

也有些時候，日常生活中再熟悉不過的風景，對大病初愈的人來説，卻感到耳目一新。在餘生有限、認真活下去的自覺下，映入眼簾的風景，有平常沒有注意到的美；相反，曾經認為是美好的事物，在心靈空虛的時候，只能感覺到是那麼的空虛、沒有意義、毫無價值。

因此，發現「美好」的感情，除了靠人的感性之外，也會因為每個人的境界、環境及精神狀況不同而有所差異。我認為對藝術作品的感受也是一樣的情形。藝術家把自己關注、感受到的事物、或是將想要表達的意念創造成有形的實體。這樣創造出來的藝術反映出創造者的人性、感性、所處的環境和境界等。

在我們的時代，如果沒有宏大的精神，就不可能有偉大藝術的創造，也不可能有孕育創造偉大藝術的豐饒土壤。

如同先生所説，有些作品是單純為了物質報酬而創作出來的。但是，在艱難的環境中，畫家們從牆壁到洞頂，於所在之處繪出畫像，創作出龐大造型塑像的敦煌藝術，這是畫家們扎根於信仰、專心致志地工作，將向着永恆存在的祈禱、對幸福的憧憬，全部融入在他們艱苦創作出來的作品之中。

我認為應該珍惜敦煌藝術，這是因為，在遠離文化中心的地方，無數默默無聞的藝術家留下的龐大作品中，有許多具有真實價值的珍貴作品。同時，在以戰爭和政治為中心所撰寫的歷史上，在聚光燈照不到的沙漠角落裡，那些無名畫家兢兢業業持續創作完成的文化之美，讓我深有共鳴。

相對於大自然中的美麗世界，藝術作品是以人的力量創造出來的美麗世界。在絲路上，無名畫家創造出美的空間，透過作品，從遠處傳來美的光彩、以溫暖的心問候生活在現代世界裡的人們。因此，我強烈地希望能夠珍惜這些作品。

對於藝術作品的評價是這樣，古今東西、其他領域的事物也都是如此。真正的價值沒有被正確認識，先驅性的工作受到批判中傷，這樣的事情不勝枚舉。針對這樣的歷史教訓，我曾經在創價大學以「迫害與人生」為主題進行過講演。

觀察那些在歷史上留下偉大足跡的人們的生活道路，我希望青年擁有一雙洞察事物本質的敏銳眼睛。希望這場演講成為青年們在今後長遠的人生旅途上，堅韌不拔活下去的精神食糧，我出於這樣的心情向青年訴說。

其中談到中國古代楚國詩人屈原⑯的一生，我非常喜歡他說的一句話：「亦余心之所善兮，雖九死其猶未悔。」

常：屈原也是我尊敬的一位詩人。

池田：屈原因為皇帝聽從佞臣的讒言而被流放，他悲憤地為後世留下一首詩：「屈心而抑志兮，忍尤而攘詬。伏清白以死直兮，固前聖之所厚。」（《離騷》）在這層意義上，司馬遷也是一位令人難以忘懷的人物。他為了完成自己的志向，忍受一切屈辱活下去，為後世留下了《史記》這部偉大的作品。

在繪畫方面，例如塞尚⑰的一生，在這方面我真的該多向常先生請教（笑），塞尚就像馬蒂斯⑱所歌頌的：「塞尚是我們所有人的老師。」（約翰・拉塞爾《馬蒂斯》）作為「現代繪畫之父」塞尚在歷史上留下了偉大足跡。然而，他的一生是在世人的誤解、嘲笑甚至侮辱中度過的。在第一次印象派畫展覽時，他參展的作品甚至被嚴酷地批評為「錯亂塗抹的瘋人之畫」。〈維克多．蕭凱的肖像〉被批評為是「瘋子畫瘋子的畫」（《世界美術全集》，教育圖書出版社）。但是他依舊頑強地堅持自己的信念。

此外，從列寧、甘地的一生來看，我們可以發現：其實，苦難正是使人從黑夜走向黎明、從混沌走向秩序，飛躍成長的轉動軸。人生只有在苦難中才能綻放出耀眼的光芒。

我早就聽說許多人在「文化大革命」中經歷了各式各樣的磨難。我相信，在這當中受到磨練的人們如果開拓出嶄新創作之路，必定也會在藝術世界擁有傑出的成果吧。

我聽說常先生正是在苦難中開拓了自己的道路。請教常先生，在文革這段期間，支持您的內在力量是什麼呢？

常：我當時出國留學，無非是想出人頭地、光宗耀祖。到法國後，我的認識逐漸變化，最後發生了從為個人到為民族、為國家的意識革命。

在敦煌期間，受到民族意識和佛教的影響，我產生了一種使命感，亦即「敦煌藝術是中國的傳統文化，捨命也得保護它。不管有多少困難都必須克服。」這股使命感支持我，使我度過了所有的艱難困苦。之後，周恩來總理給了我許多保護。

在困難時期，像被稱為中國歷史上最大災難的「文化大革命」，是無法用三言兩語說清楚的。在這段期間，我受到多少迫害，受到怎樣的侮辱，我和我的家人又是怎樣度過難關的，需要很長時間才能說完。這個問題我就講到這裡吧。

自從在巴黎看到伯希和的《敦煌千佛洞》，我的命運便與敦煌緊緊地聯繫在一起了。從那以後的半個世紀裡，我嚐盡了一家離散、橫遭迫害的苦酒。

不過，到了人生的最後階段，我想可以這樣說：「到目前為止，我的人生選擇沒有錯。」沒有一件讓我後悔的事。

只是這半個世紀過得太快了，敦煌研究和保護還有那麼多事情需要做！

池田先生曾問過我：「如果來生再到人世，你將選擇什麼職業呢？」我不是佛教徒，不相信「轉生」。不過，如果真的再一次轉生為人，我將還是「常書鴻」。我要去完成那些尚未做完的工作。

池田：我非常了解，也非常清楚。想請教您，中國近代美術史的發展，也經過幾次的變遷？

常：清末到現在，中國近代美術史大概可以分為六個時期。第一階段是清朝末期。政府向西洋派遣留學生學習西洋畫技術，他們回國後在宮廷內留下了西太后肖像畫之類的作品。

第二階段是一九三〇年前後，以徐悲鴻先生為中心的我們這批青年畫家留學海外，將西洋的繪畫技術帶回中國。這些人大都在三十年代回到中國，執教於國立藝術專科學校。我是其中之一。當時，我教的是西洋畫。中國畫是以齊白石先生⑲為中心進行的。我們當時同在一所學校為中國畫及西洋畫的發展與普及做出自己的努力。抗日戰爭時期我在重慶。但我仍然進行美術創作及研究工作。

第三階段是新中國成立後。當時，美術雖然得到了發展，但在外國美術方面，蘇聯美術較法國美術更受重視。特別是徐悲鴻先生逝世後，這種傾向更加嚴重。在中國水墨畫方面，除了以繼承過去的傳統為重點之外，幾乎看不到什麼革新藝術。與中國革命博物館、歷史博物館、人民大會堂的建設互相配合，中國美術界出現了大量的作品。這段時間是美術創作的高漲時期。

第四階段是「文化大革命」期間。這是一個災難的年代，因為政治原因不得不創造一些特殊的作品。

第五階段是「文革」之後。一九七八年初，以舉辦法國風景畫展開始，在中國美術界引起了很大的迴響。那次展出，我們第一次有系統地從古代到現代將法國名畫介紹給大家。從那以後，中國美術界又開始注目於西洋的美術。

第六階段是現在這個開放的時代。世界各地眾多的美術資料都被介紹到中國。青年畫家們到目前為止還沒有學習這些藝術的機會，還缺少這方面的實力。年邁的畫家們認為青年畫家不能令人滿意，但是，青年畫家們正努力創造出自己的新風格。與中國的政治、經濟一樣，中國美術界迎來了自己的變革時期。我期待也相信，他們今後會創作出更優秀、更有深度的作品。

徐悲鴻先生的人格

池田：我聽說常先生曾受到現代中國繪畫大師徐悲鴻先生的很大鼓勵。

常：我去敦煌，徐先生贈給我「不入虎穴、焉得虎子」這句話。他鼓勵我說：「如果真的想認識敦煌，真的想認識中國古代文明的話，那麼除了自己去敦煌之外，再無別路可走。像唐代玄奘三藏法師帶着苦行僧的精神，去保護敦煌的民族藝術寶庫，去整理它、研究它，堅持到最後！」

另外，我在重慶舉辦個人畫展時，他特地為我寫序：

油繪之入中國，不佞曾與其勞。而其爭盟藝壇，蔚為大觀，尤在近七八年來，蓋其間英才輩出。在留學國，目爍藝事之衰微；在祖國，則復興之期待迫切。於是素有抱負，而生懷異秉之士，莫不挺身而起，共襄大業。常書鴻先生亦其中之一，而藝壇之雄也。

常先生留學巴黎近十年，師新古典主義大師羅郎史先生，歸國之前，曾集合所作，展覽於巴黎。吾友干米葉·莫葛蕾先生曾為文張之。

莫葛蕾先生，乃今日世界最大文藝批評家，不輕易以一字許人者也。法京國立外國美術館用是購藏陳列常先生作品，此為國人在國外文化界所得之異數也。常先生工作既勤，作品亦隨時隨地為人爭致，難以集合。

茲將有西北之行，故以最新所作，各類油繪人物風景靜物之屬，凡四十餘幅問世，類皆精品。抗戰以還，陪都人士，雅增文物之好。常先生此展，必將一新其耳目也。

壬午中秋　無月　悲鴻序

此外，我去敦煌時，徐先生贈我一幅〈五鷄圖〉。

池田：被譽為「現代中國繪畫之父」（鶴田武良《近代中國繪畫》，角川書店）的徐悲鴻，留下偉大的足跡，在中國繪畫史留下的功績也非凡無比。同時，我們也知道他擁有高尚的人格。

一流的藝術家，他的人格也閃耀着光輝。歷經磨練的人格使藝術變得更有深度，這是我與許多優秀藝術家見面後的真切感受。

徐先生對後輩常先生展現的體貼之心，洋溢着對志向美術世界之同志們的深切關懷。正因為徐先生是這樣的人，才能將常先生繪畫的價值、美感和志向清晰地映照在自己的心鏡上。前輩如果都能這樣親切地關懷後輩，相信未來一定會更加豐富多彩、更加輝煌。在東西方繪畫的融合上，徐悲鴻先生做出了巨大貢獻。

德拉克洛瓦與盧奧

池田：現今距二十一世紀還有十年，常先生在這半個人生與敦煌這座絲路上的美麗寶庫同生存，您對藝術一定有各種想法，例如藝術的過去、現在以至未來，及東西方文化的壯大交流等，我想請教常先生的感想。

常：謝謝。我非常高興與池田先生談一談這方面的問題。

池田：我讀過先生的著作《敦煌的風鐸》，得知您從一九二七年留學法國開始，有長達十年的時間埋首在希臘、羅馬的美術史及美術理論的研究，先生非常喜愛文藝復興和近代美術的傑作。特別深受十九世紀浪漫派代表畫家德拉克洛瓦⑳感動。

當時，隨着自然科學蓬勃發展，人們開始探索嶄新的人性觀、價值觀。同樣，藝術界一些抱持嶄新主張的畫家開始活躍，想要突破一些固有的觀念。那是一個人們探求該如何觀察、如何表達，人的個性自由奔放、開花的時代。

常：我在法國學習時，不喜歡法國後期印象派。我喜歡新現實主義。我的老師是新現實主義派。當時我非常重視描繪靜物、人物的現實主義。我在油畫中運用了中國畫的線條。中國畫的線條是非常精彩的，特別是顧愷之的畫，他的線條特徵尤其精妙絕倫、色彩也很豐富。

池田：我見到現代中國著名畫家董壽平先生㉑時，他說：「西洋繪畫重視光和質感，而東方繪畫有重視運筆、線條的傾向。」並且，董先生展望未來說：「或許要經過二百年或三百年，人類肯定會回想起東方的精神性。」令我印象深刻。

常：先生年輕時到羅浮宮美術館，站在德拉克洛瓦〈希俄斯島大屠殺〉㉒這幅畫前面，深受其感動。塞尚稱讚德拉克洛瓦是法國最偉大的畫家，說：「無論是靜寂的悲劇作品，還是躍動的作品，世上沒有任何一位畫家能像德拉克洛瓦那樣使用如此豐富的色彩。我們都是透過他來學習繪畫的。」

但是，德拉克洛瓦在二十幾歲時獲選進入沙龍的這幅畫，一開始卻受到畫壇謾罵。這幅名畫被譏諷、批判是「繪畫的大屠殺」，這件事廣為人知。他用豐富的感性和高漲的熱情，戲劇性、色彩豐富地描繪出當時的社會事件，作品具有鮮明的個性。他的作風在與新世界邂逅後，更顯出它的特色。

他那幅名聞遐邇的〈屹立在米索倫基廢墟上的希臘〉，在東京富士美術館舉辦開館紀念展「近代法國繪畫展」時，特地向波爾多美術館借來這幅作品展出。他這幅以希臘獨立戰爭為題材、帶有東方情調的作品令人印象深刻。

他出生於巴黎近郊塞納河邊的一個小鎮。懷着對東方世界的憧憬，他三十四歲時用了半年多時間遍訪西班牙、摩洛哥、阿爾及利亞等國家。這趟旅行使他的藝術內涵更加豐富。

從他那厚實的七冊素描畫本近五百幅作品中，我們不難發現，與法國風情迥然不同的地中海明亮的陽光及異國風情，為他的創造力帶來多麼大的刺激及影響。

相信每一次與異文化邂逅，每一次與嶄新世界相逢，都使他原本豐富的感性世界更進一步地大大擴展，開創出獨特的藝術風格。

在敦煌壁畫中，好像也有「令人想起盧奧㉓繪畫」的作品。

常：在敦煌壁畫中，從北魏時期（三八六—五三四年）的壁畫上可以看到這些特徵。北魏民族性格兼有粗獷及細膩的雙重特徵，這種性格在北魏時代的敦煌繪畫中得到了很好的反映。

這種性格反映在作品上，有的技法很大膽，有的繪製卻非常精緻。一開始描的時候很大膽，但作品完成時卻又是那樣出奇的纖細。唐代壁畫中找不到這類作品。因此，可以說早期壁畫具有盧奧繪畫的風格。

到了日本，看到盧奧的美術作品後，我的思想發生了巨大的變化。我訪問山梨縣清春白樺美術館時，看到了很多件盧奧的美術作品。從事美術事業以來，我受到盧奧的巨大影響。他的畫裡面有一種新的表現方法，是現代畫中的新視點和表現點。西洋藝術在我們東方人看來有許多可以學習的東西。我對他的創造性思考有很深的興趣。

池田：盧奧繪畫在二十世紀前半期的繪畫世界，綻放出獨特的光芒。他曾說：「實際上，美的事物總是隱藏着的，迄今為止一直是如此。我們必須堅忍不拔、努力地去探求它，為了發現它須有至死方休的決心。參與這項探求工作的人或許總是有着痛苦與煩惱。然而，同時也擁有深刻的、寧靜的喜悅吧。」（《現代世界美術全集》（八），河出書房新社）回顧他的人生，幾十年來一直被世間漠視，被人稱為「瘋子畫家」。

如今，盧奧繪畫流芳近代繪畫史，他的足跡成為永留歷史的輝煌紀錄。

觀察他的繪畫生涯，他早期描繪了很多人間醜陋姿態及窮人在貧民街上的生活百態，在一般意義上，這些畫作描繪的對象稱不上是美的，然而他以揭發般的激烈筆觸，赤裸裸地畫出貧窮、不安和生存的磨難。

他一九四八年有一幅作品的主題，讓我印象深刻。當時，他已近八十高齡，在此三年前於紐約近代美術館舉辦大型回顧展，他的功績已經獲得廣泛贊同。但這件作品是畫着人在台上吊死的畫面。在這幅畫上，盧奧題寫：「對人而言，人是狼」（《世界美術全集十九

「盧奧」》，河出書房新社）這句話。

在描繪出人們的醜陋、現實生活中的各種不幸及貧窮時，他同時凝視着存在其背後的東西，表現出高貴及靜謐的精神世界。

常先生說他的畫與敦煌壁畫的相似處，在於大膽表現的手法，並透過繪畫來探求人性，將精神世界表現出來。盧奧說：「我因繪畫而感到非常幸福。我熱愛繪畫，無論處在多麼悲傷的黑暗中，都能將這一切忘掉。然而，評論家因為我作品主題是悲劇而沒有注意到這一點，難道『歡喜』沒有存在於我的繪畫主題之中嗎？」（《現代世界美術全集》）

即使是描繪悲劇的主題，但是卻能透過表現悲劇人物的苦惱，忘掉自己的苦惱而產生歡喜。我認為他這句話，與在暗黑洞窟中不顧生活貧苦、從事敦煌藝術創作之畫家們的心境是相通的。可以說，盧奧與敦煌無名藝術家們，作為根柢的精神性或許不同，但在表現人的靈魂和因創造而感到歡喜上，是一致的。

「對人而言，人是狼」的現實社會，和與之相對的平靜的精神世界，從這裡可以看出，藝術一方面將兩者加以結合，另一方面則不斷在追求永恆與美的事物。

常：對，德拉克洛瓦受到東方世界的影響，盧奧也吸收了東方藝術形成自己的風格。我相信中國必定會有東西方藝術融合的那一天。我確信中國畫壇肯定會出現像東山魁夷先生㉔、加山又造先生㉕那樣實際進行文化交流的畫家。

池田：加山又造先生以中國唐代文化大舉進入日本的七世紀為界，將日本繪畫史劃分為七世紀以前的「古代」，和從七世紀到十六世紀室町時代末為止的「近代」這兩個部分。他說：「日本文化起源於外來文化。宏觀來看，無論古代也好，近代也好，日本文化的定位只不過是中國文明圈的一個地方文化而已。」（《現代日本畫全集》第十七卷，集英社）

在龐大的中國文化影響下，日本本土文化開始萌芽、成長，我對於日本與貴國之間的緣分，感觸良深。

法國路奈．尤伊古說過：「在西洋美術、印象派及世紀末美術（一八九〇年代至二十世紀初的歐洲美術）發展過程中，可以看到，西方藝術家每每與東方文化邂逅之後，他們原來的作品風格就發生了改變。」我衷心期待在中國傳統文化的豐饒土壤上，東西方文化的進一步交流能帶來嶄新風貌，使二十一世紀的藝術更加豐富多彩。

常：繪畫必須吸收新鮮的東西，不斷豐富自己。從敦煌壁畫就可以了解這一點。那裡既有中國獨自的風格，也有外國的影響。有許多是受到外來影響才創造出自己絢麗多姿的文化，唐代文化便是一例。我想過去日本的繪畫也是引進中國藝術之後才形成並發展起來的。

東山魁夷的足跡

池田：卓越的藝術是人類的共同財產。藝術是民眾精神的昇華，超越國界引發共鳴的同時，也愈加綻放燦爛光輝。

在日本繪畫中，橫山大觀大師等人歷經長久的苦悶，將西洋繪畫的世界觀引進日本繪畫中來，走上繪畫的革新道路。在現代，東山魁夷大畫師、杉山寧㉖大畫師等人的畫作，本質上雖然屬於日本畫，但他們卻用清新的手法吸取了西洋畫的要素，開拓出自己的獨特世界。

與此同時，縱觀近代繪畫史上的「影響關係」，日本不是單方面受到西洋的影響。以十九世紀的法國為中心，也曾受到「日本美術的影響」。例如俵屋宗達、葛飾北齋、歌川（安藤）廣重㉗等人的浮世繪，對馬奈、莫內、梵谷、德加等人都有重大的影響。

深受北齋等浮世繪畫家影響的德加，在聽到有一位日本人進入巴黎國立美術學校學習時，大吃一驚地說：「生為日本人已經夠幸運的，為什麼還要跑到塞納河邊的學校聽老師上課呢？」（池上忠治《德加》，講談社）

常：或許在日本有人認為東山魁夷先生、杉山寧先生的繪畫中有很強的西洋畫因素。但我們外國人看來，這仍是日本畫，仍然飄溢着日本的風味。

池田：東山大師最近同意將他的作品作為拙作（《我的人學》）的封面，我感到十分榮幸。

談到東方及西方，東山大師年輕時曾到柏林留學。不過，從那之後，在大師走過的路及他的作品中卻不再有「東」、「西」之分。我想，那是因為他一直凝視着美與永恒的事物，一心一意地為此前進吧。

他的作品中，有一種清澈明亮的美，即使是一片銀白色的世界，也有着躍動的生命感。連他畫的冬季枯樹，都有一種生命的存在感。就像著名的〈殘照〉，遙遙相連的山峰與山谷重疊，讓人感到靜寂偉大的生命存在。畫師接觸西洋藝術後，又回歸到了更幽深的東方精神世界。

常：從這些事情來看，今後中國畫壇的發展，西洋畫風格與中國畫風格的融合是完全可能的。敦煌藝術即是最好的證明。敦煌藝術是中國傳統藝術受外國文化影響後誕生的一種新藝術。

現在，世界上的文化交流日益廣泛。中國青年畫家吸收外國的東西，創造出新的藝術，為美術史留下有價值的作品，是完全可能的。我期待不久的將來，新型中國畫會誕生。那或許是敦煌畫派的復活。屆時，我四十餘年來一直期待敦煌畫派產生的夢想便成為現實。我就心滿意足了。

池田：先生已經播下了種子，我相信它一定會與時俱進地成長、壯大起來。

平山郁夫的畫業

池田：有哪位日本畫家讓您印象深刻呢？

常：平山郁夫先生㉘。一九五七年我認識了平山先生。我因出席在東京舉辦的「敦煌藝術展」到日本，訪問了東京藝術大學。那時，平山先生大概是副教授，他把自己的畫拿給我看。平山先生非常熱心地研究了奈良時代的唐代藝術。唐代藝術與敦煌關係密切。

一九七九年，我們在敦煌接待了平山先生和美知子夫人。我的妻子李承仙和兩個孩子陪同他們參觀了陽關及月牙泉。在與平山先生的接觸中，他對繪畫的認真態度令我深為敬佩。他在僅有的幾天時間裡參觀、臨摹，留下了一百二十幅寫生作品。

一九七九年十月末，我們訪問東京藝術大學時，平山先生特地從鎌倉的家中把自己的畫帶給我看。那時，他宴請了我們。最後上桌的是以冰淇淋作餡的天婦羅（炸蝦）。當時，他談藝術談得正起勁，卻沒有留意冰淇淋已經化開了。結果沒吃得成。（笑）

我感到平山先生的畫中有一種宗教信仰式的虔敬與真誠，有一種心靈的靜謐。我從平山先生那裡聽到了他在廣島原子彈爆炸後的體驗。我想大概他是經歷了那次大劫後產生了宗教之心及安寧的精神。

池田：我也曾見過平山大師一次，他人非常好。在我的著作《難忘的邂逅》、《話說敦煌》、《四季雁書》的封面及插圖上，都獲得了他很多協助。

話說在平山大師的畫裡，有一種靜謐感，我也有同感。例如以〈火燒波斯波利斯〉㉙

為主題創作的畫，他將自己目擊廣島原子彈爆炸時那紅蓮般的火焰塗滿整個畫面，有一種彷彿要將一切燒盡的強烈印象。但是，在那被烈火燒得快要崩潰的宮殿中，我卻感受到一種凝視永恆與人類營生的靜寂精神。我聽說平山大師遭受原子彈爆炸時還是一位中學生，在多愁善感的年代裡看到受到如此悲慘的場面，相信對他一定產生了很深遠的影響。

我見到平山先生時，他說：「我想抓住存在於一切根源的東西，我想了解它們。這些只有靠自己去感受才能得到。」他還說，無論是宗教還是文化，感覺都是來自「生命的大地」。

就像〈火燒波斯波利斯〉這幅作品所展現的，極盡榮華的帝王宮殿不知哪一天可能被破壞殆盡。從大師的作品中，可以感受到他在反思人類一切營生的悠久歷史、祈禱和平、憧憬永恆，及給予穿越時代變遷拼命想要活下去人們的溫暖關愛。

大師畫的〈敦煌〉也是充滿這種性格的傑出作品。從鳴沙山到地平線，茫茫的大漠一望無際。沙漠中，有一片奇跡般的綠洲。在這裡，人所構築的莫高窟威嚴聳立。

看到這幅畫，我深刻感受到人在悠久歷史與浩茫大自然之中，是那麼地渺小；相反，對於生活在那裡創造歷史的人們，我卻湧現出一股敬愛之情。這種心情，我想是敦煌那些默默無名、美的創造者與探求者所共有的吧！

註釋：

① 貴霜王朝：大約一世紀上半葉興起於中亞細亞的古國，支配中亞及西北印度方面。創立者為大月氏的貴霜（Kushan）翕侯（部落首領）丘就卻。後經不斷擴張，成為一個大國。第三代國王迦膩色迦（約二世紀初）在位時崇尚佛教，遠與中國、羅馬相通，為全盛時期。

② 希臘化文化：亞歷山大大王東征（前三三四年），使地中海世界與東方構成同一個經濟圈，從中所產生的文化。在造型美術上是寫實主義，尤其在運動、激情的表現上有其特色。

③ 秣菟羅：印度古國。位於今印度馬圖拉。

④ 伽藍：梵文 Samghārāma 的音譯。僧伽藍摩的略稱，意譯為「公園」或「僧院」。佛教寺院的通稱。

⑤ 法蘭德斯地方：Flanders，是一個歷史地區，包括如今比利時東法蘭德斯省和西法蘭德斯省、法國的諾爾省以及荷蘭的澤蘭省南部。

⑥布呂赫爾（老彼得．布呂赫爾）：Pieter Bruegel de Oude，約一五二五—一五六九年，文藝復興時期佛蘭芒（Flemish）畫家。擅長描繪居住鄉間的鄉民生活，畫風具有鮮明的尼德蘭繪畫的特徵。作品有〈收穫〉、〈冬獵〉等。

⑦勒南兄弟：Le Nain brothers，指安東．勒南（Antoine Le Nein，一五八八—一六四八年）、路易．勒南（Louis Le Nein，一五九三—一六四八年）和馬修．勒南（Mathien Le Nein，一六〇七—一六七七年）：法國畫家。他們的作品多表現貧苦農民的生活，是十七世紀上半葉現實主義派的代表人物。他們經常合作創作，不署名。代表作有〈打鐵工〉、〈農家〉等。

⑧維梅爾：Jan Vermeer，一六三二—一六七五年，荷蘭畫家。作品多描寫荷蘭小城市悠閒安逸的日常生活：人物與室內陳設結合巧妙，善於用色彩表現空間感、質量及光的效果。作品有〈看信的女人〉、〈倒牛奶的女人〉等。

⑨米勒：Jean-Francois Millet，一八一四—一八七五年，法國畫家。他的作品以表現農民生活而著稱，代表作有〈拾穗〉、〈晚鐘〉。

⑩杜米埃：Honoré Daumier，一八〇八—一八七九年，法國畫家，版畫家。以描繪民眾日常生活的油彩畫及諷刺政治的石版畫知名。著名作品有〈洗衣婦〉、〈三等車廂〉等。

⑪庫爾貝：Gustave Courbet，一八一九—一八七七年，法國畫家。他的作品多描寫貧苦平民的生活，代表作為〈採石工人〉、〈畫室〉等。

⑫ 普魯東：Pierre-Joseph Proudhon，一八〇九—一八六五年，法國社會思想家、無政府主義思想的創始人。

⑬ 薩特：Jean-Paul Sartre，一九〇五—一九八〇年，法國作家、哲學家和批評家，法國存在主義的倡導者。他強調「存在先於本質」，人生的課題是「選擇」，而這種選擇是「絕對自由」的。他的代表作有《存在與虛無》、《蒼蠅》等。

⑭ 王爾德：Oscar Wilde，一八五六—一九〇〇年，英國詩人，小說家，劇作家。主張「為藝術而藝術」。主要作品有《快樂王子集》、《溫德梅爾夫人的扇子》等。

⑮ 波特萊爾：Charles Pierre Baudelaire，一八二一—一八六七年，法國詩人，文藝批評家。他最重要的作品是詩集《惡之花》，充滿病態和憂鬱色彩。他的作品開象徵主義之先河，對現代派藝術影響甚大。他也是「為藝術而藝術」的倡導者。其他著作還有《巴黎的憂鬱》、《美學珍玩》等。

⑯ 屈原：前三四〇—約前二七八年，戰國時代楚國王族，詩人。所作《離騷》、《九章》等篇，陳述他的政治主張，另有《九歌》等篇。他在吸收民間藝術營養的基礎上，創造出騷體這一新形式，對後世影響很大。他因對當時政治不滿，遂投汨羅江而死。

⑰ 塞尚：Paul Cézanne，一八三九—一九〇六年，法國畫家，後期印象派的代表人物。畢生追求表現形式，對運用色彩、造型有新的創造，被稱為「現代繪畫之父」。作品有〈果盤〉、〈玩紙牌者〉等。

⑱ 馬蒂斯：Henri Matisse，一八六九—一九五四年，法國畫家，野獸派的代表人物。作品吸收有波斯繪畫、東方民間藝術的表現手法，形成「綜合的單純化」畫風，曾提出「純粹繪畫」的主張。作品有〈白羽毛〉、〈愛看書的女人〉等。對現代美術之影響甚鉅。

⑲ 齊白石：一八六三—一九五七年，湖南湘潭人，中國現代書畫家。擅作山水、花鳥和人物畫，融合傳統寫意畫和民間繪畫的表現技法，形成了獨特的藝術風格，對現代中國繪畫有很大影響。

⑳ 德拉克洛瓦：Eugène Delacroix，一七九八—一八六三年，法國畫家，浪漫主義畫派的代表人物之一。打破新古典派形式主義的框架，在繪畫史留下不朽足跡。他的畫風特點是構圖重氣勢，色彩絢爛。強調對比關係，重視人物情感和動勢的描繪。〈但丁的小船〉、〈領導民眾的自由女神〉、〈阿波羅的勝利〉等作品，是他以「視覺饗宴」為目標創作，對後代的印象派、後印象派、象徵主義的藝術家們有巨大影響。

㉑ 董壽平：一九〇四年生，山西洪洞人。中國現代書畫家。善詩文、書法，尤長繪畫。他的書畫作品，筆酣墨飽，渾厚蒼勁，別開新貌。精書畫、金石鑑賞。對畫論、畫史亦有精闢見解。

㉒ 希俄斯島大屠殺：The Massacre at chios，在土耳其與希臘對立中，發生希俄斯島居民被土耳其軍隊的屠殺事件。以此悲劇為主題，德拉克洛瓦在一八二三—二四年間創作了此畫。

㉓ 盧奧：Georges Rouault，一八七一—一九五八年，法國畫家、版畫家。堅持使用濃重的黑色輪廓線以及點點發亮的藍、紅、綠、黃色，產生近似中世紀彩色玻璃技法的效果。他的畫既有野獸派

的風格、又有傳統特色。代表作有〈嬰兒基督與東方三博士〉等。

㉔ 東山魁夷：一九〇八—一九九九年，日本畫家。清洌描繪日本四季之美、中國以及歐洲的自然，活躍於國際舞台。

㉕ 加山又造：一九二七—二〇〇四年，日本畫家。現代日本畫代表人物之一，長於工筆人物，擅寫風景名勝，獲頒日本藝術大賞。

㉖ 杉山寧：一九〇九—一九九三年，日本畫家。發表過許多傑作，有很多描繪埃及、中國、土耳其等海外風景的作品。

㉗ 俵屋宗達、葛飾北齋、歌川廣重：十八世紀到十九世紀日本著名畫家。

㉘ 平山郁夫：一九三〇—二〇〇九年，日本畫家。時任東京藝術大學校長，發表了許多以佛教傳入及絲路為主題的作品，對敦煌文物保存有極大貢獻。

㉙ 火燒波斯波利斯：波斯波利斯（Persepolis）是位於伊朗南部波斯帝國王宮，前三三〇年，在與希臘亞歷山大大帝的戰役中被燒毀。

第五章　萬代的友好繫絆

日本文化的源流

常：一九五八年，因敦煌展覽訪問日本時，日本考古學家原田淑人先生曾明確指出：「敦煌是日本藝術之根。」我想具體了解一下絲綢之路與日本文化的關係。

池田：日本文化在美術、藝術等各項領域都深受中國文化的巨大影響。而透過絲路，西域、印度、波斯文化也流入日本，觀察敦煌文物，便可以感受到這些也都與日本文化密切關連。

平山郁夫先生在畫文集（《從西到東》，日本經濟新聞社）中指出：在敦煌第二百二十窟發現的三尊菩薩像的模樣與法隆寺金堂六號壁畫的畫法非常近似，他寫道：「我遇到了日本美術的源流。」

我們觀察從四世紀末期到七世紀間古墳文化的殉葬品，便能發現許多是從亞洲北方傳入的物品。從七世紀開始的遣隋使、遣唐使①制度，日本經由中國，吸收了大量絲路傳來的文化。

遣隋使、遣唐使的成員，有木匠和醫師，大多數則是留學僧和留學生，他們留在洛陽及長安，抄寫了龐大的佛典，再將它們帶回日本，其中包含很多像《法華經》那樣的大乘經典和論書，溯其淵源，可以發現這些佛典都是經由絲路傳來的。

有「絲路終點站」之稱的奈良正倉院中收藏的珍寶、藝術品，幾乎都是由中國傳來的。其中也有來自伊朗方面的藝術品。

在法隆寺玉蟲廚子上的〈捨身飼虎圖〉，也被認為與敦煌莫高窟第四百二十八窟的〈薩埵王子本生圖〉如出一轍。日常生活中，我們從黃瓜、葡萄等食物到語言、習慣，都可以找到許多從絲路傳來的東西。因此，日本有許多人對絲路很感興趣。近幾年，NHK電視台特別增加了許多介紹絲路的節目，使人們對絲路感到更加親近，對敦煌的關心也愈來愈高漲。

常：井上靖先生的小說《敦煌》被拍成電影之後，日本的「敦煌熱」正在逐漸興起，我想，這在中日文化交流史上是一件非常精彩的事情，真讓人高興。

我認為，出現「敦煌熱」並非偶然。中日兩個民族最先都是在同一個文化環境下養育、生長起來的，敦煌是中日兩國人民友誼的交流道。我確信，它會加深我們之間的友好關係。

池田：從敦煌的歷史文物可以清晰看到，日本與絲路這條佛教傳入之路，及自古以來與中國之間的文化繫絆。日本從中蒙受了很大的文化恩惠。

關於日本文化的源流，有各種不同的說法。有一說法，認為日本民族是從南方的「海道」北上而來；另一說法，認為是從亞洲北方經由朝鮮半島而來，眾說紛紜，莫衷一是。

特別是江上波夫先生（東京大學名譽教授）有名的「騎馬民族征服說」，他認為東北亞系的騎馬民族經由朝鮮半島進入日本而建立了國家。這是一個非常有說服力的說法。

探尋日本文化的源流，例如語言、生活、習慣……有一部分可以在南方找到根源，有人認為這些是從中國江南地區和雲南地方傳來的。但從考古學、語言學角度來看，日本受朝鮮半島的影響也很大。

形成統一國家後的日本，以中國作為政治、文化的模範，引進了中國的制度及文化。儒教、書畫等對日本文化產生了重大影響，其中漢譯佛教經典對日本文化的形成發揮了重大作用。佛教藝術成為日本藝術文化的基礎，也成為精神文化的中心軸。許多被稱為古代、中世紀日本藝術珍寶的作品，都是佛教藝術品。

但是，明治維新以後國家主義抬頭，佛教受到了彈壓。特別是日本對外侵略，在軍國主義化過程中，國家神道有一段時期擁有巨大的力量，佛教文化一度消失光芒。

因軍國主義權力的蠻橫彈壓，創價學會的創會會長牧口常三郎被捕入獄，第二任會長戸田城聖也度過了二年牢獄生活，那是軍國主義最猖狂的時代。

因此，曾經在敦煌開出絢爛花朵、豐富中國與日本文化的佛教文化，在軍國主義時代就像在沙漠中消失的河流一樣，從我們的視野中消失了。然而，展望二十一世紀的今天，許多西歐學者都在注視着嶄新佛教文化的復興。

從印度開始發源的佛教文化涓流，在流向中國、日本的過程中滋潤了那個時代，蔚為一條大河。它雖然樸實，卻可看到以佛教為基調的和平與文化運動，對亞洲以及世界的安定和繁榮，做出巨大貢獻的時代已經到來。

成為民眾和民眾之間心的橋樑

常：關於創價學會，我有許多問題要請教先生。首先，先生能否就創價學會的方針、目的等，簡單介紹一下呢？

池田：一言以蔽之，就是以佛教生命哲理本源之光照亮「人」，創造出「和平價值」、「文化價值」與「人生價值」。亦即，是一個以每個人不斷進行人性變革作為基軸，為實現和平而努力不懈的團體。

常：創價學會是一個佛教團體。那麼，跟反戰、和平運動又有哪些關聯呢？

池田：先生可能認為佛教原本是為了給予身陷煩惱的人們心靈內在的安慰，以此來解救他們。廣義來說，一般人或許認為佛教是「個人主義」的宗教吧。但是，我所認識的真實的佛教，它是從闡述慈悲與生命尊嚴出發的。佛教清楚地告訴我們，人的成長，不能只停留於個人的安穩，更必須和他人苦樂與共，透過自己的行為幫助他人強化生存下去的力量。佛教並教導我們要主動、積極地去變革那些傷害、破壞生命尊嚴的社會環境。

佛教始祖釋尊誕生於印度，捨棄王位出家成道，畢生主張生命尊嚴、嚴禁傷害任何生命。釋尊晚年有一則故事，強而有力地宣示了佛教的和平思想本質。

釋尊在靈鷲山講説《法華經》的時期，摩訶陀國王阿闍世②想征伐鄰國的跋耆族。阿闍世王派遣大臣跋撒卡拉到靈鷲山找釋尊，報告他打算征伐跋耆族的事。對此，釋尊跟跋撒卡拉說，他曾經告訴跋耆族「避免衰亡的七種方法」（只要實行這七件事，國家就不會衰亡），而跋耆族就因為實行了這七種方法，國家迄今繁榮不衰。釋尊並告訴跋撒卡拉，對繁榮的跋耆族興起戰爭是錯誤的。釋尊的忠告，讓好戰的阿闍世王打消了征伐跋耆族的念頭。

這個故事清楚告訴我們：釋尊不僅主張對個人內心的救濟，而且也教導國家、部族繁榮不衰的方法，為了實現和平，積極嘗試傳揚佛教。

另外，釋尊過世後，同樣是摩訶陀國的暴君阿育王③在敵對佛教時，殺死了十幾萬人，並且侵略各國、擴大版圖。但是，他即位十年後，開始信奉佛教，從此大大轉變，停止了侵略行動。

真正可以稱得上是「和平憲章」的阿育王石刻法敕，二千二百多年後，如今在印度、巴基斯坦、阿富汗等地陸續被發現。阿育王石刻的流布，開創了佛教和平思想從東向西傳播的文化交流偉業。另一方面，馬其頓的亞歷山大大帝從西向東的大遠征也促成了文化交流。

阿育王和亞歷山大大帝兩人都在古代東西文化交流上發揮了很大作用。耐人尋味的是，阿育王皈依佛教放棄戰爭後，將和平石碑送到各地，致力推進和平交流；而亞歷山大大帝則是藉由武力征伐，將希臘文化帶進被征服的國家，促進了文化交流。

回到我們的話題，創價學會是以貫穿佛教歷史的慈悲思想與生命尊嚴的理念為基調，廣泛展開和平、文化、教育運動的團體。

我們信仰的日蓮大聖人佛法，從深層的人生觀、生命觀徹底闡說「生命尊嚴」。例如，日蓮大聖人教說：「命者，一身第一之珍寶也。雖一日也，若可延，勝於有金千萬両。」並說：「生命為一切財寶中第一之財寶。經有『遍滿三千界，無有直身命』之說，謂雖有遍滿三千大千世界之財寶，亦不可抵得生命也。」

淺顯易懂地指出，生命本身擁有的絕對價值，是即使用鋪滿全宇宙的無價之寶，都無法替代的。佛法信仰者的使命，就是要建立重視生命尊嚴的正確思想基磐。

並且，為了真正實現生命的尊嚴價值，和平、穩定的社會環境是不可或缺的。誠如經典教示：「失國滅家，又將遁世何處？須知，汝欲求一身安堵，必先禱四表之靜謐。」換句話說，欲求「一身安堵」，每個人如果想追求身心安定，首先必須要祈禱「四表之靜謐」，祈禱環繞個人的環境能安穩、和平，並付諸行動。

基於這樣的和平觀，創價學會展開了各種運動。諸如，在聯合國舉辦展覽，呼籲世人建構一個無核武器的世界、沒有戰爭的地球。透過採訪，將經歷悲慘戰爭的人們對和平的嚮往，集結成反戰出版物等。教育及文化交流也是其中一環。我們認為，推展使民眾自覺生命具有絕對尊嚴的運動，非常重要。

常：我七次訪日印象最深的是一九八五年參加埼玉縣青年和平文化節，我深為感動。但不知那樣的青年和平文化節在日本每年舉行幾次？同時，它的意義是什麼，反響又如何呢？

池田：我讀了常先生當時發表的感想（刊登在《聖教新聞》一九八五年十月十七日）。先生在文章裡提到，如果「中國敦煌展」是遙遠歷史的「靜態之美」，在「文化節」看到的青年躍動就是向未來擴展的「動態之美」，並且巧妙地加以對比。先生的溢美之詞，實在不敢當。

那次在埼玉縣舉行的文化節，是一九八五年全日本各地二十三場文化節中的第十四場。至於，每年舉辦幾次文化節，因每年會有不同的活動，例如舉辦「核威脅展」、「世界少年少女繪畫展」、「世界教科書展」，還有文化性質的演講會、展覽會等各類活動，所以，舉辦文化節次數是不一定的。那年，為了慶祝創價學會創立五十五週年，回應各地會員的期待，而舉辦了很多場文化節。

無論如何，我們將繼續對青年嶄新的和平、文化運動給予最高重視。在各地，青年與學生們自發地集結在一起計劃、籌備文化節，沒有主角、配角之分，每個人都是主體者。而壯年、婦女、藝術家等會員也給予了充分支持，我認為，這稱得上是值得謳歌的「人、和平與文化」的社區慶祝活動。

我們的文化節都是從民眾開始，由民眾親手創建的。發揚社區文化傳統，增添嶄新志向、加深及擴大「社區發展」、「人的共鳴」、「嚮往和平」是舉辦文化節的最大目的。大多數人都認為參加文化節的人眼睛炯炯有神。也有聽到人們說，看到自己的社區有這麼多充滿朝氣與希望的青年，受到很大的鼓舞。

我希望肩負未來重任的青年，在以自己的雙手創造一個又一個文化運動的過程中，深入堅強地鍛練自己，並將獲得的珍貴友誼與感動化為動力，進而在各自領域贏得人生的勝利。

當然，在不同國家，各有不同的內容和特色。在日本、美國、巴西、秘魯、香港、新加坡、馬來西亞、多明尼加、巴拿馬等國家和地區都有舉辦文化節。在那裡，世界各國的青年超越人種、膚色的差異，手牽手朝向和平之共同目標前進，真是美好的情景，我認為那裡有着堪稱地球家族的縮圖、人類一體的感覺。

常：我很欽佩創價學會推進的和平文化運動，特別是培養青年這方面作出的努力和貢獻。青年是世界未來的主人翁，正確引導青年，教給他們正確的人生道路是我們前輩的責任。我認為，池田先生在致力於青年培養的行動上是很有遠見的。

池田：謝謝。我認為這是先生對我們的激勵與期待，為了未來，今後我們會更加努力前進。

常：池田先生在許多方面與中國文化藝術界進行了交流，能談一下這方面的感想和今後的願望嗎？

池田：我的恩師經常說：「今後，中國將在世界歷史上扮演重要的角色。」他曾強調，貴國與日本的友好交流，對亞洲安定與世界和平是絕對不可缺少的；民眾和民眾之間的信賴貫穿於深刻文化交流之中，能夠打開嶄新的時代。我確信，廣泛開創民間交流，是通向鞏固世界和平的正確道路。

要加深民眾間的友好關係，必須平等地認同不同的文化。惟有如此，才能產生人與人之間的深切共鳴，萌生信賴感。在悠久歷史中孕育出優秀文化傳統的貴國，是日本文化的恩人之國。

迄今為止，我們與北京大學、復旦大學、武漢大學展開了教育交流，同時也進行了青年、學者、醫生、教育家、婦女間的交流活動，並在富士美術館等處舉行貴國文化財富的展覽，民主音樂協會舉辦中國戲劇、歌舞團等公演。已經在日本與中國人民心中架設起一重又一重的和平友好橋樑。即將迎接二十一世紀的今天，我認為在兩國新世代之間締結堅實的信賴緊絆是非常重要的。

推進文化交流

池田：以敦煌藝術為媒介，促進中日友好關係發展的過程中，我們在日本第一次舉辦了敦煌藝術展，在東京和京都共有超過十萬人前來參觀，這真是一件了不起的事。對當時的反響，常先生現在回想起來有什麼感想呢？

常：一九五八年敦煌藝術第一次在日本展出時，中日兩國還沒有恢復正常的邦交關係。我們是應日本前首相片山哲先生、日中文化交流協會的中島健藏會長、每日新聞社和高島屋百貨公司的邀請前去的，敦煌藝術展覽在高島屋百貨公司和京都的博物館內舉行。

敦煌展的代表團員除我之外，還有《人民中國》日文版總編輯康大川、敦煌文物研究所的李承仙，以及對外文化委員會的崔泰山等四名團員。

我們十二月二十一日到達東京。到達後接到通知，得悉運送展品的船隻在來日途中遇到颱風，須到十二月三十一日才能抵達。

為此，日本方面很是着急。因為高島屋百貨公司已將第八層的會場空了出來，廣告也已貼出，說將在聖誕節開展。如果不按時開展，高島屋百貨公司方面會受到巨大的損失。沒有辦法，因為已無法趕及，我們只好將高島屋八層的展覽會場先借給了別人。

作為敦煌展覽的會場，這樣就在十二月三十一日下午六時才給空了出來。我們為了元旦的首次開展做了必要的準備。展覽品是在十二月三十一日到達東京的，當時正值正午左右。隨後，我們馬上投入了準備工作。從開始到結束，只有半天時間，我們必須在三十一日下午六時到深夜零時的六個小時內全部準備完畢。那真是一件很困難的事情。但是，儘管準備工作是在緊張氣氛中進行的，大家還是愉快地完成了各項準備工作。當時敦煌藝術展覽的準備配置工作的情景，到今天仍然歷歷在目。

當時我們中日雙方的百名工作人員是在李承仙的總指揮下進行作業的。我和李承仙都不懂日語，李承仙預料到這樣一個接一個緊密相連的配置作業僅靠一、二位翻譯是不夠的。因此，她在用色彩將各時代加以區分的同時，用二十分之一的縮圖明確了所有展品的安放位置。

在開箱後交遞、檢查展覽品的過程中，她馬上具體地將安置的壁畫在確定好的掛軸上貼好標籤。所以，當時沒有一個人閒着，並且沒有一點喘息的工夫，各種組合工作都是靜靜地進行的。我們用了五個小時又四十分鐘完成了整個佈置任務。也就是説，我們提前二十分鐘完成了全部展覽品的佈置準備工作。

我們和日本友人從高島屋出來，在靜寂的大街上，我們一行十人（我們四人與日方六人）並肩走去，進入一家小店吃除夕的過年蕎麥麵，當時，正值元旦除夕夜的鐘聲遙遙傳來。這時，才聽到日本友人這樣說，他們起初真擔心李承仙這樣一位三十多歲的婦女怎樣才能在短短的六個小時內制定計劃、指揮行動，並完成這種複雜的展覽品安置工作。

接着他們說，中國的婦女真是了不起啊！

還有一件令人難以忘懷的事情。當時舉辦敦煌藝術展覽會的時候，參觀者特別多，人們在門前排起長長的人龍，有時候須等兩個小時才能買到票入場。日本友人告訴我，敦煌藝術展用的這個會場以前曾舉辦過美國攝影展，那時吹口哨、起哄的什麼都有，整個會場嘈雜萬分。可是，這次敦煌藝術展覽會非常安靜，只能聽到會場內人們移動時在地板上發出的嚓嚓腳步聲。

並且，有一位年長的老教授來排隊看展覽，排在前面的一位年輕學生將自己的位置讓給老教授，請他先入場，而自己卻再一次排隊，等兩個小時去看展覽。一位年老的日本友人這樣説：「敦煌藝術展覽給我們帶來了文明（禮節）」。

池田：真是令人感動。那一年，對我們而言，是恩師戶田先生逝世那一年，時間過得真快，今年（一九九〇年）已經迎來了三十三年忌辰。

透過文化財富、藝術品展覽，介紹各國的文化，具有很大的意義。優質的文化交流能帶來相互理解與信賴。

迄今，我還記得一九七五年在靜岡縣富士美術館，舉辦過「魯迅與中國版畫展」，展出在魯迅指導下版畫運動所產生的木版畫及有關魯迅的各種資料等，約四百件。同年，舉辦了蘇聯特烈季亞科夫美術館、普希金美術館收藏的名畫展覽。一九八三年舉辦了「現代中國書畫展」，同年秋天，位於東京八王子的東京富士美術館終於開館。

作為開館紀念展覽，我們舉辦了「近代法國繪畫展」，展出了羅浮宮等法國八大美術館的館藏作品。欣賞庫爾貝的〈普魯東肖像〉、格羅的〈橋上的拿破崙〉、德拉克洛瓦、華托、弗拉戈納爾等大家的名作，吸引許多觀眾前來。我想，這些作品中可能有常先生青年時代在法國看過，值得懷念的作品。

一九八五年舉辦「中國敦煌展」；一九八七年正值日中兩國邦交正常化以及富士美術館創立十五週年紀念，特地舉辦了「中國歷代女性像展」，在貴國的中國歷史博物館、故宮博物院的協助下，展出了貴國的國寶級文物。

除此之外，我們迄今還舉辦過「光榮的十八世紀法國名畫展」、被公認為法國革命二百週年紀念活動第一項正式活動的「法國革命與浪漫主義展」、「黃金的十七世紀法蘭德斯繪畫展」、泰國蒲美蓬國王陛下的「特別攝影展」、「英國王室禮服展」、意大利的「博隆尼大學特別重寶展」、「西洋繪畫名作展」和「哥倫比亞大黃金展」等。這些只是第一步，只要確實開闢了通向世界的道路，我相信愛好和平的青年一定能更將其拓寬、延伸。

常：廣泛的文化交流，通過人與人之間達到心息相通，增進相互理解。正如中日兩國戰後一樣，人們倍嚐戰爭苦酒後，相互寬容，互相理解，超越少數激進反動勢力的妨害，朝着永久和平的方向奮勇前進才是最重要的。

我已是高齡的人，已經不可能有太多貢獻了。但是，我想，透過孩子們不斷的努力，我堅信地球上建立世界大道的理想一定能實現。

對周總理的回憶

常：我聽說池田先生是周恩來總理生前會見的最後一名日本人。您能談一下對周總理的印象嗎？

池田：我見到周恩來總理是在一九七四年十二月五日夜晚，我第二次訪問中國的時候，地點在北京市內一家醫院裡。我記得當時是十點左右。

周總理有病在身，仍特意到門口迎接我。他笑容可掬伸出手與我握手。他那精悍、能透視對方內心，卻又洋溢慈愛的眼神，令我印象深刻。

其實，在與周總理見面大約十年前，我曾經收到過周總理的口信。周總理指示中日友好協會的孫平化會長，要重視創價學會並進行交流。一九六四年，透過某位友人我收到了周總理最初的口信，更從致力改善中日關係的政治家松村謙三先生、高碕達之助先生與作家有吉佐和子女士等人，獲知周總理傳遞的訊息。

實際見面時，我直接感受到周總理有一雙宏觀歷史發展、高瞻遠矚，如顯微鏡般能洞察別人微妙心理變化的眼睛，是一位傑出的領導人。

他有着公正、四平八穩的思緒，兼具巨大的吸引力、細心關懷及爽朗的性格，讓人有一種深厚的信賴感，令我難忘。

常：會見時相互談了什麼呢？

池田：其一是周總理希望儘快締結「中日和平友好條約」。有關這個條約，在與周總理會見前，我也主張應該儘快締結。當時，中日戰爭結束後已經過了四分之一世紀，中日之間仍沒有邦交，不幸的狀態一直持續着。我認為，為了那些與戰爭無關的青年，為了兩國人民，必須改變這種不正常的關係。因此，我主張日本應該排除萬難與中國締結「和平友好條約」。

至於條約的名稱，主要是出於不再有戰爭和嚮往和平，以使兩國萬代友好的願望，這將影響亞洲與世界的安定，出於這樣的心情，我認為「和平友好條約」的名稱最為適當。於是，在一九六九年六月的《聖教新聞》（《小説「人間革命」》，六月二十日）上，我呼籲締結「和平友好條約」。從那之後經過五年，我親耳聽到周總理提出希望締結「和平友好條約」，深感時代將發生巨大的變化。

會談時，周總理回憶年輕時留學日本的事談到：「我是五十年前，櫻花盛開的季節從日本回到中國的。」令我難忘。我對周總理説：「櫻花開的時候，請您再次訪日吧！」周總理可能已經很清楚自己的健康狀況，他説：「我是有這個願望，但恐怕無法實現了。」實際上，會見後一年多，我便收到了他逝世的噩耗。

為了紀念周總理，我在創價大學校園裡，與中國留學生一起種植了一株櫻花樹。

我希望將這位留學日本的前輩，為戰後日中邦交正常化極盡心力與辛勞的事跡告訴給日本的學生們，使它流芳萬代。這株櫻花樹取名為「周櫻」，茁壯成長，每年綻放出無數美麗花朵。

周總理曾對我說：「二十世紀最後的二十五年對世界而言是非常重要的時期，讓我們站在相互平等的立場上，互相幫助、努力吧！」時光飛逝，會見已經過了十六年，距離二十一世紀還有十年。

我決心為了使生長在新世紀的人們能夠享受更和平繁榮的生活，能够平等互惠、和平友好地更加發展下去，一生竭盡我所能去奮鬥。

常：我本人也與總理有幾次見面。一九五一年，周總理參觀當時在北京舉行的「敦煌文物展覽會」時，說的那些話我永誌不忘。他說：「我們無論有多少困難也不要洩氣，一定要盡最大努力去保護敦煌。」他的這句話成了我行動的指南。

池田：那時先生與周總理的對話，我也是在常先生的著作中拜讀到的。周總理對藝術有深度的理解。他強調保護、研究敦煌寶貴的民族藝術遺產，是非常重要的。

他還指出「推陳出新」（常書鴻《敦煌的風鐸》）的重要性，並強調：「我們一定要像重視自己的生命一樣珍惜、保護這些古代文化。」（同上引書）

從周總理對古代文化的理解，以及對展示品的講話中可以發現他深厚的文化修養與見識，我感到這是周總理對於在邊境地帶孜孜努力的常先生，最大的激勵，令人感動。

常先生對周總理的鼓勵，在書中這樣寫道：「我剩下的路就是將總理的教導和期待銘記在心，為實現諾言，畢生致力於敦煌文物的研究及保護工作。」（同上引書）

常：一九六二年在第三次全國人民代表大會期間發生的一件事，我至今仍記憶猶新。會議中有十分鐘的休息時間，我們被總理叫去。總理問我：「在大煉鋼鐵時，敦煌樹木被大量砍伐過吧？鐘被砸壞過嗎？」我回答說：「樹木的砍伐沒有那麼嚴重。由於縣政府的政策好，有價值的古代珍品和刻有年號的鐘全部被保存了下來。所以，鐘沒有遭到破壞。」總理這時又問：「你的孩子們都幹得不錯吧？」當時，我的女兒常沙娜曾擔任人民大會堂宴會大廳天花板圖案的設計工作。一九五九年人民大會堂落成之際，周總理曾提議為那些美麗的圖案乾杯。

這時，我想總理大概是指沙娜的事情，於是說：「沙娜在北京。」總理接着說：「我的意思是，敦煌這個寶庫的事業不是我們一代人能完成得了的，子子孫孫，世世代代應繼承下去，去研究及保護它。」

總理又問起與我同在敦煌工作的同事和後輩的情況。對總理的親切關心及教導，我真是難以忘懷。由此，我下決心將我一生及我的子子孫孫獻給敦煌的事業。

池田：這真是感人的插曲。有周總理這樣的領導人存在，不僅對中國的敦煌研究者，對於外國研究者、專家及世界上眾多關心敦煌的人而言，也是一件非常幸福的事。

與周總理會見五年之後，《人民日報》刊載了王冶秋先生（時任國家文物事業管理局局長）的文章。我讀後才知道了一件事情。

王冶秋曾送給周總理一幅畫有富士山及清溪的版畫，王先生在文中寫道：「當時正值

過了『四人幫』惡毒攻擊周總理的時期。」（《中日文化交流》，一九七九年十一月一日）

不久，周總理將那幅版畫又還給了王冶秋，還附上了一封信。

那封信是周總理親自用鉛筆寫的，日期是與我會見的那天，信上寫着「版畫我欣賞了好幾次。」及感謝的話語。

因為我送給了周總理一幅畫，所以周總理將一直掛在牆壁上的版畫還給了王先生，還寫道：「現在正在治療疾病，病情有所好轉，請放心。」透過這件事，我才得知周總理是在與我會見後，給王冶秋先生寫了這封信。再次強烈感受到周總理的誠實人品、溫暖人性，讓我感慨萬千。

周總理逝世時我正在京都。周總理留學日本時也曾經去過京都，是有緣之地，在嵐山還有總理的詩碑④。

當我接到他逝世的噩耗時，除了緬懷之外，也祈求冥福。因為我知道他罹患癌症，見面時，他說：「這次病情往痊愈方向進步了，所以我無論如何都想再與你見面。」一想到這裡，心裡不由得陣陣發痛。深刻感到他那時是以多麼堅韌的精神力在處理內外的複雜難題。

常先生對於周總理的為人，說過：「他一生光明正大；為了國家鞠躬盡瘁，他的心比誰都要清澈。」（《敦煌的風鐸》）我聽到過貴國許多人這樣稱讚周總理的人品、生活態度。

周總理逝世二年後，我在北京見到鄧穎超夫人，得知夫人將在隔年春天櫻花盛開季節訪問日本。來日本後，我在迎賓館見到她。一九八〇年我第五次訪問中國時，她再次邀請我們夫婦到她家中作客。

當時，聆聽鄧穎超女士述說他們二人青春時代的回憶、邂逅的情形及周總理逝世前後的事情等，感觸良深。尤其，對於將總理遺骨撒到祖國大地這件事，她對我說：「年輕時，我與恩來同志有個約定，就是為人民奉獻我們的一切；死後也是一樣。所以，我們約定不保存遺骨。恩來同志重病期間，需要看護人員在兩邊攙扶身體時，還提醒我說：『你一定會實現我們二人的約定吧！』」

世界上被稱為「偉人」的人很多，但是，連私生活在內，都擁有偉大人格的人卻不多。周總理不僅是卓越的政治家，而且也是一位擁有文雅教養、禮節及清廉高潔的人。他與夫人一起，為中國人民貢獻了全部生命。

我為他們夫婦二人寫了一首詩：

光陰流轉到現世
櫻花緣分更增輝
萬代友好常傳揚
年年歲歲開花時
人民總理人人敬
人民母親萬人譽
我在心中常祈禱
友誼櫻花永綻開

（送贈中國婦女先驅者鄧穎超女士的《櫻花緣》，一九八七年四月五日）

與井上靖先生的友誼

池田：剛才常先生提到井上靖先生的小説《敦煌》拍成電影的事情。我聽説「文化大革命」後，井上靖先生第一次訪問敦煌時，是常先生陪他一起的。

常：一九七九年六月，我在孫平化同志的介紹下見到了井上靖先生與夫人芙美女士、清水正夫先生（松山芭蕾舞團團長、日本中國友好協會理事長）與夫人松山樹子女士（同團副團長）。這是「文革」後，敦煌首次向日本人開放。井上夫婦和清水夫婦認真地參觀了敦煌，從敦煌石窟，到沙漠上的一草一木，他們都抱着濃厚的興趣。

我作為主人陪同他們參觀了玉門關。玉門關離敦煌八十公里左右，當時沒有車道，所以車子一直是在戈壁沙漠上行駛的。車子搖晃得很厲害，後來芙美夫人開了個玩笑：「下次來時，頭上可得多戴幾頂帽子。」為此，大家都笑了。我們在長城腳下漫遊，井上夫婦情緒總是特別好，談笑風生，芙美夫人則對沙漠植物的興趣很大。

第二次見到井上先生是在一九七九年十月四日。我們從蘭州出發，沿着古絲綢之路向敦煌進發。車子沿着河西走廊行駛，拍攝取名為「絲綢之路」的電視連續特集。這次，我對井上靖先生的印象特別深。

車子在戈壁沙漠上行走時，井上先生一直在細緻地觀察周圍的大自然景色，有時候停車拍攝。那時，他經常用隨身攜帶的紙巾擦拭臉和頭髮，並用小梳子將頭髮梳得整整齊齊。

井上先生經常在小筆記本上記下詩或文章什麼的。一次，我們在颰「布隆吉」龍捲風的地方，準備拍攝沙漠特有的龍捲風——「沙龍」。

我們與NHK專集組、中國中央電視台的工作人員餓着肚子在那裡等着拍攝龍捲風狂虐的場面。但是，從早上一直等到下午卻一點兒風也沒有。當時帶的食物只有很少量的水果和橘子水，大家的肚子正叫得歡的時候，井上先生卻像什麼事也沒有發生一樣，沉靜地等待着，並在一邊寫着詩。

風終於颳起來了，井上先生跟我一同登上土台的廢墟，像古代人一樣觀看「沙龍」。這時候，在空闊戈壁沙漠上彷彿有條龍在那裡狂舞，龍捲風捲起沙土揚向天空。大家都十分高興，攝影人員迅速用錄相設備記錄下了這寶貴的場面。井上先生馬上將這壯觀的景色用詩寫到他的筆記本裡。現在想起這些事來，一切猶如昨天剛發生的一樣。

池田：我也曾經與井上先生就日本傳統的美、日中真實友好的問題以及他的作品《蒼狼》⑤，非常愉快地進行了對話。他誠實的人格令人印象深刻。（《聖教新聞》，一九七五年三月五日）

我們曾持續一年書信往來。那是從我第三次訪問貴國回國後（一九七五年四月）到第二年春天的事。其間遇到了周恩來總理逝世的事。我寫下自己的感受，井上先生懷念周恩來總理人格的文章更是令人感銘至深。他說：「在禮儀端正、心地善良的世界裡一顆巨大的星辰隕落了。」（《四季雁書》，潮出版社）這句話也是我的真實感受。

透過書信往來，我從井上先生那裡學到了許多事。其中之一是他看到長江時發出的感慨，充分表現了他的文學理念。滔滔流淌的悠久大河，在那壯觀的巨流岸邊，有幾個婦人在洗甕。井上先生看到這場面後，在文章裡吐露了他當時的心情：「作為一名文學學子，我希望永遠能在接觸到的地方從事我的工作。……相信永恆、相信人、相信人創造的社會。就像中國婦女在洗甕時洗紅了她們的雙手，也願我寫文章寫到自己的雙手發紅。」（同上引書）

他的這些思緒在小說《敦煌》等作品中流露無遺，從他有關敦煌與絲路的紀行文學作品中，同樣可以感受到這種感情。透過這些文章，我們更深刻理解井上先生的文學根源。

祈願永久和平

池田：常先生訪問過日本好幾次，到現在為止，您印象最深的是什麼呢？

常：我訪問過日本七次。第一次是在一九五七年十二月三十一日到一九五八年二月五日。那次到過東京、京都、奈良、大阪和名古屋。第二次是從一九七九年十月二十六日至十一月十二日。我那次到了東京、京都、奈良、大阪和福岡。

第三次是從一九八三年四月十日到十月底。中途因出席全國政治協商會議歸國。嚴格地説這次是訪日兩次。那時除了東京、京都、奈良外，還到過北海道的札幌、根室、納沙布岬，最後到了東北的青森、仙台和岡山。第五次是一九八五年七月到十月，去了東京與奈良。第六次是一九八六年八月的事，當時也是到東京、奈良。第七次訪日同樣也是到東京、奈良，那是一九八八年四月九日到十七日的事。

讓我印象最深的城市是京都和奈良，這是兩個擁有古代文化的城市。在市內，眾多的文化遺跡被保存下來，而它們都與中國文化有着密切的聯繫。比如，奈良時代法隆寺的壁畫。一九五七年訪問日本時我發現了一九四七年臨摹的法隆寺金堂壁畫，我曾聽說過這些壁畫與中國敦煌的壁畫非常相似。在訪問京都和奈良期間，得知這些地方的佛教美術遺產與中國藝術密切相連的歷史關係，我的印象進一步加深了。致力於敦煌研究四、五十年，看到近似敦煌文化藝術的日本古典佛教文化，心裡有一種說不出的親切感。

池田：先生在日本各城市廣泛地與各界、各階層人士進行交流，您對日本與中國的友好往來有什麼感想和展望呢？

常：沒有人喜歡戰爭，誰都厭惡戰爭。特別是我們都希望中日兩國世世代代友好下去，在這一點上，我們的想法與池田先生是一致的。並且，為了增進和平友好往來，我們沒有只停留在口頭上，我們認為為了和平友好必須做一些實實在在的事情。

池田先生曾六次訪問中國（一九九〇年尚有第七次的訪中），有什麼印象呢？與先生見面的人中，誰讓先生的印象最深刻呢？

池田：是啊！有許多人都讓我印象深刻。中日友好協會的廖承志會長是令我難忘的人。一九七四年初次訪問貴國時，接近晚上十點，他來北京機場接我們的情景至今歷歷在目。廖承志先生用流暢的日語歡迎我們。每次訪問貴國時，都承蒙現任中日友好協會孫平化會長很多照顧。迄今為止，我先後到過北京、上海、西安、廣州、武漢、南京、鄭州、杭州、蘇州、無錫、桂林等地。

對於各地的印象，我藉各種機會都把它寫下來或説出來。總括説來，中國是一個充滿無限希望的國家。雖然社會制度、民族性、風俗習慣不盡相同，但是，在人心中有一種共通的光芒。

中國與日本在各自不同條件下建造了固有的社會，表面上表現出來的只是其中一部分，而只要走入民眾、走進每個人之中，就會產生理解與信賴感，能締結心的繫絆。

我會見過的人有周總理、鄧小平副總理（當時）、李先念副總理（當時）、胡耀邦總書記（當時）、華國鋒主席（當時）、王震國家副主席和鄧穎超女士等國家領導人。也曾與江澤民總書記、李鵬總理會面過。

與廖承志（前會長）、孫平化（現會長）以及中日友好協會的所有工作人員都有着美好回憶。而且，我與北京大學、復旦大學、武漢大學的老師們長期進行交流。在文學、藝術界也有許多親密的、令人尊敬的朋友。

在中國，我廣泛參觀了農村、工廠、學校、少年宮（兒童樂園）等人們的生活場所。在那裡見過的人，縱使是不知姓名的過路人，也讓我留下難忘的印象。

這麼多人，要問對誰印象最深，真是很難回答（笑）。因為見到的每個人，對我而言都是非常重要的朋友。

我將這許多邂逅獲得的共鳴、學到的東西，和作為一個日本人必須知道的事情，把它寫成文章或藉各種場合告訴大家。我希望透過這些努力，一點點也好，幫助大家加深對中國的理解，增進友好。

常：聽說池田先生是日本最早主張恢復中日邦交的人，不知道先生為什麼對中國抱有這樣深厚的感情呢？

池田：直接動機是我少年時代遭遇的事，及恩師講過的話，這些都如同我之前的介紹。亞洲戰火不絕、悲慘不幸的歷史反覆發生。展望未來，佔世界人口半數的亞洲各國的安定和繁榮，無庸置疑對永遠的世界和平是非常重要的。

中國與日本在文化上，比起任何其他國家，有如兄弟般的深厚關係。從這種歷史關係、民族性和文化相似性來説，我認為中日發展友好關係是自然的潮流。不能只顧眼前，必須從展望更長遠未來的觀點來考慮。

因此，一九六八年九月八日，在第十一屆創價學會學生部總會上，我給約二萬名學生談了日中兩國邦交正常化及和平友好的願望。這是我展望二十年、三十年後世界所做的發言。那時在場的學生現在已成為壯年（笑），許多人正為中日世代友好添磚加瓦，活躍在第一線上，我對此甚感欣慰。

漫長的戰爭結束那年我才十七歲。我體驗過東京大空襲，在戰爭中失去了長兄。雖然我這世代接受過軍國主義教育，但是日本軍國主義的侵略，讓中國民眾、朝鮮半島民眾遭受了許許多多的苦難，這是絕對不能淡忘的。

從一九六五年元旦開始，我在報紙上開始連載小説《人間革命》。開頭的第一節是前一年一九六四年十二月在沖繩寫的。沖繩在那次戰爭中，慘遭劇烈炮火轟炸，落下的炮彈宛如一場「鐵的暴風」，許多人喪失了寶貴生命。《人間革命》開頭第一句話，我寫道：「沒有什麼比戰爭更殘酷！沒有什麼比戰爭更悲慘！但是，戰爭仍然在繼續着。沒有比被愚蠢的統治者牽着鼻子走的國民更可憐！」——這是我經歷那場戰爭的痛切實感。

因此，絕對不能讓年輕一代再去體驗我們經歷過的悲劇！一九六八年我的提言，是在越南戰爭陷入泥沼狀態時發表的。我認為與中國的邦交正常化是攸關亞洲和平最優先要進行的事。特別是，不能讓那些與戰爭無關的年輕一代留下戰爭的創傷，為了青年，為了二十一世紀，無論如何都要打通這條和平友好的大道。

我呼籲青年：「不久，當諸君成為社會中堅時，為了建設燦爛的社會，日本與中國青年，一定要攜手、和樂地共同奮鬥。

以日本與中國友好作為中心軸，亞洲民眾互相幫助、相互守護，才能吹散籠罩亞洲的戰爭殘虐與貧困的陰雲，蛻變為希望和幸福陽光普照大地的時代。」

隔年，我在小說《人間革命》（《聖教新聞》，一九六九年六月二十日）中提出，日本應該排除萬難，與中國締結「中日友好和平條約」。

在眾多祈願中日友好的兩國人士共同努力下，一九七八年這個條約終於在北京簽訂。十月，貴國以鄧小平副總理（當時）為首的代表團來訪日本。已故的廖承志先生當時也一起來訪日本。接着，十月二十三日該條約宣佈生效。從那天至今，已經過了十多年歲月。

條約生效十週年之際，我們接待了為中日和平友好做出巨大貢獻的中日友好協會會長孫平化先生為首的代表團。在歡迎會上，我說，在擴大交流的過程中，難免會產生一些誤會，或出現一些新問題。但是，世界和平曙光已經來臨，特別是擴大和平交流，是人們的希望與願望。

我作為提倡締結條約的人，願與中國祈願和平的各位朋友進一步擴大信義與友誼交流。我將竭盡努力，為中日友好締結更牢固的繫絆，使流向和平的河流匯集成為永恆的大河！

註釋：

①遣隋使、遣唐使：中國隋朝、唐朝時日本派遣至中國的使者，其中的大使、副使、留學生、留學僧及隨員等，一次人數往往多至數百人，為促進中日友好交流做出了貢獻。

②阿闍世：Ajātaśatru，古印度摩揭陀國悉蘇那伽王朝國王，約前四九三—四六二年在位。曾征伐鄰國，稱雄於北部印度。據傳，初反對佛教，後皈依佛門，並在王舍城舉行第一次佛典結集。

③阿育王：Aśoka，印度摩揭陀國孔雀王朝的國王（約前二六八—前二三二年）。在位期間曾統一了除半島南端外的印度全境。他曾信奉佛教，封佛教為國教，頒佈許多以佛教治國的敕令，對後世佛教的傳播有很大影響。

④一九一九年四月五日，留學日本的周恩來在歸國途中停留於日本京都。在京都，他寫下了《雨中嵐山》等三首詩，詩中寫道：「瀟瀟雨，霧濛濃；一線陽光穿雲出，愈見姣妍。人間的萬象真理，愈求愈模糊；——模糊中偶然見着一點光明，真愈覺姣妍。」

⑤《蒼狼》：描寫蒙古英雄成吉思汗一生的歷史小說。

後記

一九九〇年，池田大作第七次訪問中國最後一天，在北京釣魚台賓館與常書鴻的對話。

池田：自從第一次與常先生見面（一九八〇年第五次訪問中國）以來，剛好過了十年。

常：我感到與池田先生之間，有難以言喻、深厚不可思議的緣分。十年間，能夠這樣加深友好，不知道該如何表達我的高興。希望今後能更加深與池田先生的友情。

池田：我們的對談內容刊登在《大白蓮華》月刊，獲得了非常好的迴響。編輯部希望延長連載時間。對談集預定秋天在日本發行。我相信將來會被翻譯成各國語言。（《敦煌的光彩》於一九九〇年十月由德間書店出版日文版，而中文版於一九九一年十二月出版。）

常：託池田先生的福，將我們至今的努力向日本、世界的人們介紹，得以留在歷史上，真的非常感謝。

池田：我一定要將一生奉獻給藝術「文化帝王」的崇高精神傳達給後世人們。秋天，將舉辦您與公子作品的展覽「常書鴻・嘉煌父子繪畫展」（靜岡縣富士美術館，十一月二日—二十五日）。衷心期待您的到訪。（一邊向常先生展示相本）創價大學的常書鴻夫婦櫻（種植在創價大學校園裡）長得這麼高了。

常：非常感謝！這是預定在秋天舉辦繪畫展的展出品圖錄。

池田：您借給我們稱得上是貴國「國寶」的貴重作品，真是感謝！常先生是「絲路寶石」敦煌的守護者，您放棄原本可以悠然度日的安樂人生，去發掘、研究及保護被埋沒在沙漠裡的那些永遠美麗的寶石。如果不是先生，敦煌今天就不可能向世界綻放出美麗的光彩。

比起任何當權者、富豪，您對人類做出了偉大的貢獻。貴國有句諺語：「有陰德必有陽報。」迄今的辛苦，開始化為燦然的陽報。我好像聽到向先生傳來的「諸天喝采」。

常：您的誇獎不勝感激。我的雅號是「大漠痴人」，就是「敦煌瘋子」的意思。我遇到過所有的艱難辛苦，但是咬着牙忍耐活下來了。

一開始，那裡沒有水也沒有糧食，大家都反對我去，說去那裡幹麼，會死的。有人離開了。但是，妻子和我一起生活下來，都是很辛苦艱困的情況。我絕不是為了自己去敦煌的。是為了祖國與人類的文化。無論如何我都要守護那了不起的藝術……

池田：先生（一九四三年以來）長達半世紀「就是為了敦煌」奉獻一生，真可謂是一齣最令人感動的戲劇。無論在怎樣的世界裡，只要有一位像您這樣被稱為「瘋子」的「貫徹之人」，就會繁榮、勝利。

常：我想要告訴您，每次與您見面，我都有受到您精神震撼的無限感慨。那是因為先生為了世界和平，為了文化和藝術，為了中日友好，超越一切批判與障礙的奮戰姿態，讓我好像回憶起自己的一生。

如先生所說，最近終於開始顯露光芒了。堅忍一切進行的工作，在許多人的協助下，終於上了軌道。孩子們也長大了。以前嚐盡難以言喻的苦頭，現在感到都得到回報了。

人的一生很短，能夠完全實現自己理想、目標的人很少。但是我覺得我很幸運，能夠在某個程度上實現了，我沒有後悔。我想先生您也是一樣的吧？朝向實現理想前進的途中，會有別人看不見的困難，會有不為人知的辛苦。從我的經驗來看，池田先生的龐大事業不知遭遇了多麼辛苦的事，一想到這裡，我就感慨萬千。

池田：常先生的這番話，一生都不會離開我內心最深處。

常：請您一定要來敦煌。

池田：我也有這個願望。

讀了與先生對談的連載內容，內人說：「常先生說話的地方，那情景好像繪畫一般浮現出來」（笑）。實際上沒去看過，光靠知識是行不通的。

先生第一次走進敦煌莫高窟內部，確實是在……

常：在我三十八歲時。比我坐在這裡的兒子還稍微年輕一些的時候。

池田：一開始的瞬間，您有何感想？

常：那時，我看到了另一個世界。我一直（在法國等）學習繪畫，但是在這裡，我看到了前所未見的精彩藝術世界。下一瞬間，我就決定了。我不能讓這些「美麗女神」就這樣被埋沒在戈壁沙漠中不管。我要守護她們。

池田：這是寶貴的歷史證言。

常：我們以前住的老家，甘肅省政府說要加以修復做成紀念館，我希望能邀請池田先生夫婦來坐坐。

池田：真是感謝，真可說是「寶物之家」。

常：那老房子是在寺院後庭裡一個小小的房子，剛去的時候，沒有桌子也沒有床，我用土做成土磚，砌成平台，在上面鋪個草蓆，放一些麥殼，蓋上一塊布就是一張床。桌子也是用土堆起來，上面塗一些石灰。窗戶是用紙糊起來的。沒有電，在牆上挖個洞當作書架。每天都是有一餐沒一餐的。

池田：您這一切都是為了替人類留下文化遺產所受的辛勞，從事偉大事業的人，都是默默承受着辛苦，忍耐一切而達成偉業的。為了利益或名聲工作的人，絕對無法做出偉大事業。因為那些人不會在幕後做辛苦的工作。

常：池田先生從年輕時起，就為了世界展開傑出的社會活動，您的思想、哲學與長遠展望，令我敬佩。我要向充滿「佛教精神」行動的池田先生及創價學會的各位表示最大的敬意。我希望我們下一個世代，能將中日友好的信念及我們的友情世世代代傳遞下去。

池田：我贊同。相信先生尊貴的一生與信念，一定會流傳後世。讓我們下次在日本再見吧，我等待您秋天的訪日。

池田大作
Daisaku Ikeda

日本創價學會名譽會長，國際創價學會（SGI）會長。一九二八年生於日本東京。創辦創價大學、美國創價大學、創價學園、民主音樂協會、東京富士美術館、東洋哲學研究所、戶田紀念國際和平研究所等。持續與世界有識之士對話，並出版對談集《展望二十一世紀》（與湯因比）、《二十世紀的精神教訓》（與戈巴契夫）、《珍愛地球——邁向光輝的女性世紀》（與海瑟·亨德森）、《和平的哲學·寬容的智慧——伊斯蘭教與佛教的對話》（與瓦希德）等。獲頒聯合國和平獎、聯合國難民署人道獎及和平大使等榮銜。

常書鴻
Chang Shuhong

生於一九〇四年，一九九四年逝世。曾任敦煌研究院名譽院長。出生在中國浙江省杭州。一九二七年赴法國學習西洋油畫。留法期間，偶然發現伯希和的《敦煌千佛洞》一書，為敦煌的石窟藝術驚嘆不已。一九三六年回到中國，一九四三年出任國立敦煌藝術研究所所長，在渺無人煙的敦煌長期致力於敦煌藝術的研究與保護工作。曾任敦煌文物研究所所長、蘭州藝術學院院長、中國美術家協會常務理事、國家文物局顧問等職。著有《我與敦煌》、《敦煌藝術》、《敦煌的風鐸》等。